Massimo de Risi
Fabrizio Massaccesi

# ARRICCHIRSI CON IL MARCHIO REGISTRATO

Fai decollare il tuo business sfruttandone l'arma migliore: il Marchio Registrato

## ARRICCHIRSI CON IL MARCHIO REGISTRATO

*Fai decollare il tuo business sfruttando la sua arma migliore: il Marchio Registrato*

© 2023 by Massimo de Risi e Fabrizio Massaccesi.

www.tutelamarchionline.it

Prima edizione digitale Giugno 2023

Edizione digitale realizzata da: tutelamarchionline.it

Questo libro viene ceduto in licenza al solo acquirente. Tutto il materiale contenuto in questo ebook è coperto da copyright. Sono vietati: copiatura, riproduzione, trasferimento, noleggio, distribuzione, trasmissione in pubblico e utilizzo al di fuori di quanto previsto dalla legge applicabile. Qualsiasi utilizzo non espressamente autorizzato dall'editore costituisce violazione dei diritti dell'editore e dell'autore ed è sanzionabile sia in campo civile che penale ai sensi della legge 633/1941 e successive modifiche.

# Indice

**Chi Siamo**..................................................................11
**Prefazione**.................................................................14
**Introduzione**..............................................................16
**Capitolo 1**..................................................................20
**Cos'è un Marchio d'Impresa, a Cosa Serve e Come Sfruttarlo**............................................................20
    A Cosa Serve - I Vantaggi di Avere un Marchio Registrato... 26

**Costruire un Marchio di Successo**..............................28
    I 3 Elementi Imprescindibili di un Marchio.......................30
    Scopri se il tuo è Marchio Forte o Marchio Debole..........33
    Evita la Decadenza del Marchio per "Non Uso"...............36
    Verità Celata: Marchio e Logo Non Sono la Stessa Cosa.39
        Cos'è un Logo dal Punto di Vista Marketing Pubblicitario.................................................................39
        Cos'è un Logo dal Punto di Vista Giuridico Legale......41
    Il Marchio ed il Brevetto: Preziose Risorse Aziendali....43
        Cos'è un Brevetto?................................................45
        Invenzioni Non Brevettabili....................................46
        Come Sfruttare al Meglio Marchi e Brevetti............48
            Registrare un Marchio o Depositare un Brevetto?. 50

**Capitolo 2**..................................................................52
**Il Marchio di Fatto: I Poteri Che Non Sapevi di Avere**......52
    Le Caratteristiche Necessarie del Marchio di Fatto..........56
        Continuità................................................................56
        Pubblicità................................................................57
        Durata....................................................................58
        Pacificità................................................................58
    Arricchirsi con il Marchio di Fatto: Si Può?.......................60
**Il Marchio Storico: Sfruttane il Potere**........................62

**Capitolo 3** .................................................................. **65**
**Registrazione del Marchio: Tutto Quello che Devi Sapere... 65**
    Soggettivi: Chi Può Registrare ..................................... 67
    Oggettivi: Cosa Può Essere Registrato ....................... 68
    Novità - l'Importanza di Arrivare per Primi ................... 69
    Capacità Distintiva - Allontanarsi dalla Banalità .......... 71
    Liceità - Evitare l'Autosabotaggio ................................ 74
    Rappresentabilità Grafica - la Grande Insidia .............. 74
    Ricerca di Anteriorità: Evita il Deposito di un Marchio già Registrato ................................................................. 76
        Che Cos'è ed a Cosa Serve .................................... 77
        Perché è Necessario Effettuarla .............................. 78
        Vantaggi di Verificare il Marchio ............................. 79
    Strategie di Registrazione ............................................. 80
    I Rischi di Non Controllare Se un Marchio è Già Registrato ..................................................................... 81
    Come Funziona La Verifica di Disponibilità del Marchio.. 82
        Effettuare Personalmente la Verifica ...................... 83
        Svolgere la Ricerca Rivolgendosi al Personale della CCIAA ................................................................. 84
        Affidarsi a Professionisti del Settore ...................... 84
        I Tipi di Verifiche di Disponibilità del Marchio ......... 87
        Il Controllo di Esistenza Marchi Identici .................. 87
        La Verifica di Esistenza di Marchi Simili ................. 88
        La Ricerca per Immagini ......................................... 89
        Tarare la Ricerca in Base alle Concrete Esigenze. 90
        La Verifica Territoriale ............................................. 91
        Il Controllo Merceologico ........................................ 92
        La Ricerca Extra Banca Dati .................................. 92
        Quando Effettuare una Verifica .............................. 93

Se la Ricerca Evidenzia l'Esistenza di Marchi Simili.. 94
Rivendicazione di Priorità: Sconfiggi i "Vampiri di Marchi".................95
Registrare un Marchio Italiano...................98
   Se la Effettui Recandoti Fisicamente Presso l'UIBM:. 98
   Se la Trasmetti Attraverso la CCIAA:................ 98
   Se la Depositi Telematicamente:...................99
Registrare un Marchio Europeo..................99
   Il Costo Richiesto per un MUE:.................99
Registrare un Marchio Internazionale.................100
Registrare Presso l'UIBM.................. 103
   L'opzione impraticabile. Costi, Pro & Contro....... 103
Il Deposito Presso la CCIAA..................104
   Un mito da sfatare. Costi, Pro & Contro............. 104
Le Agenzie di Servizi.................. 109
   L'Uovo Oggi e la Frittata Domani. Costi, Pro & Contro.................109
Il Supporto di Professionisti del Settore................. 110
   Prevenire è Sempre Meglio che Curare. Costi, Pro & Contro.................110
I Limiti della Registrazione: Territoriale, Merceologico e Temporale.................113
   Limite Territoriale: i Mercati che Puoi Conquistare.....113
   Il Marchio Italiano.................115
      Ufficio Italiano Brevetti e Marchi – U.I.B.M........... 115
      Tipologie di Marchio Italiano.................117
      Il Marchio Collettivo.................. 118
      I Marchi di Garanzia ed i Marchi di Certificazione: Disciplina del Marchio CE.................. 121
   Il Marchio Europeo o MUE.................123
      Ufficio dell'Unione Europea per la Proprietà

Intellettuale – EUIPO............................................124
L'Unitarietà del Marchio dell'Unione Europea...... 125
Quale Prevale tra un Marchio Europeo ed un Marchio Nazionale Precedente................................ 126
La Rappresentazione Grafica di un Marchio UE.. 127
La Disciplina del Marchio Europeo a Seguito della Brexit................................................................ 128
Il Marchio Internazionale...........................................129
Marchio WIPO....................................................... 130
La procedura di registrazione di un Marchio WIPO.... 132
Marchio Nazionale di Paesi Non Firmatari.......... 135
Limite Merceologico: Agisci Pianificando il Futuro.......... 136
Le Classi di Nizza................................................. 138
Limite Temporale: il Diritto Potenzialmente Infinito......... 141
Tutti i Tipi di Marchio e Come Trarne il Massimo Guadagno 143
I Marchi della Tradizione: Concretezza e Affidabilità. 143
Il Marchio Denominativo o Verbale..................... 145
Esempi di Marchio Denominativo o Verbale.........146
I Vantaggi del Marchio Denominativo................. 147
Quando scegliere il Marchio Denominativo............... 148
Criticità del Marchio Denominativo..................... 150
Il Marchio Figurativo............................................ 151
Esempi di Marchio Figurativo o Pittogrammi........ 152
Vantaggi del Marchio Figurativo............................. 154
L'elemento Grafico è Ciò che Identifica il tuo Marchio..............................................................155
Criticità del Marchio Figurativo.......................... 156
Il Marchio Misto....................................................157
Esempi di Logo "Misto" o "Complesso"................ 158
La Sottile Differenza tra Misto e Complesso............160
Differenza Marchio Complesso e Marchio d'Insieme 161

Vantaggi del Marchio Misto o Complesso................. 161
Criticità del Marchio Misto o Complesso.................... 162
I Marchi dell'Innovazione: un Piede nel Futuro............ 165
    Perché Prendono Questo Nome........................ 165
    Quando Sono Stati Introdotti Questi Tipi di Marchi.... 165
    I Marchi Atipici Sono Registrabili?....................... 166
    Storia del Marchio Atipico: il Problema della "Rappresentabilità Grafica" ed I Criteri di Siekmann.. 167
    Perché Registrare un Marchio Atipico................. 169
    Quando Conviene Depositare un Marchio di Questo Tipo.........................................................169
    Quali Sono i Marchi Non Convenzionali............... 169
Marchio Di Forma o Tridimensionale..................... 170
Marchio Di Colore................................................ 172
Marchio A Motivi Ripetuti...................................... 174
Marchio Olografico...............................................174
Marchio Di Posizione........................................... 175
Marchio Di Movimento.......................................... 176
Marchio Multimediale............................................177
Le Chiavi del Successo del Marketing Sensoriale.......... 178
Marchio Olfattivo...................................................179
Marchio Sonoro.................................................. 181
La Procedura di Registrazione: dal Deposito della Domanda al Certificato di Registrazione....................... 182
    Presentazione della Domanda............................183
    Valutazione dell'Ammissibilità............................. 184
    Pubblicazione della Domanda............................ 185
    Emissione del Certificato.................................... 187

**Capitolo 4............................................................... 189**
**L'Opposizione alla Registrazione: Killer Invisibile di Brand 189**

Chi Può Presentare Opposizione.................................... 191
   Le Ragioni Commerciali per Presentarla.................. 192
   I Presupposti Giuridici per Presentarla..................... 195
Pro e Contro di un'Opposizione Rispetto all'Azione Giudiziale............................................................................... 197
      Come Presentare Opposizione........................... 198
Procedimento di Opposizione: Le 5 fasi..........................200
   FASE I - Deposito dell'Atto di Opposizione alla Registrazione.............................................................200
   FASE II – Esame sull'Ammissibilità dell'Opposizione alla Registrazione..................................................... 201
   FASE III - Cooling Off: Meglio un Cattivo Accordo che una Sconfitta.............................................................202
   FASE IV - Giudizio in Contraddittorio e Richiesta della Prova d'Uso............................................................... 203
   FASE V - Decisione dell'Opposizione........................205
   Quanto Costa Proporre un'Opposizione....................206
   Cosa Fare Quando Si Subisce un'Opposizione........ 206
   Cosa Fare se sono Scaduti i Termini per Proporre Opposizione..............................................................207
   Come Controllare se Qualcuno sta registrando un Marchio Uguale o Simile al Tuo............................... 209
      La Condanna alle Spese nel Procedimento di Opposizione............................................................ 209
      Exit Strategy: Ritirare la Domanda di Registrazione.. 210

**Capitolo 5........................................................................ 211**
**I Superpoteri di Chi Registra il Marchio...................... 211**
   Azione per Ottenere la Nullità del Marchio.....................213
      Nullità Assoluta.........................................................213
      Nullità Relativa..........................................................214
      La Causa in Tribunale...............................................215
         I Vantaggi............................................................ 215

Gli Svantaggi......................................................216
Azione di Nullità Proposta all'UIBM..........................216
I Vantaggi....................................................... 218
Gli Svantaggi......................................................218
Inibizione all'Utilizzo del Marchio.................................. 220
Sequestro e Distruzione della Merce Contraffatta.......... 222
Perdita del Nome a Dominio.................................... 223
Distruzione del Materiale Pubblicitario........................225
Risarcimento del Danno..........................................226

**Capitolo 6..............................................................229**
**Come Risparmiare le Tasse Grazie al Marchio Registrato... 229**
Cessione e Licenza d'Uso del Marchio..........................231
Cosa Occorre per Risparmiare le Tasse...................... 234
Primari Vantaggi Fiscali Offerti dalle Royalties..........236
Gli Errori da Evitare...............................................238
Utilizzare sul Mercato un Marchio Prima di Registrarlo... 239
Rispettare il Principio di Inerenza............................ 240
Dimostrare il Valore Economico del Marchio............. 241
La Tassazione delle Royalties in Italia....................... 244
Trattamento Fiscale Agevolato..................................245
Tassazione Ridotta per le Società Multinazionali.......246
Concessione in Licenza all'Interno di Gruppi Multinazionali.............................................................247
Evitare la Doppia Imposizione Fiscale sulle Royalties Pagate Infragruppo..................................................249

**Capitolo 7..............................................................251**
**Il Marking: come e quando usare ®, ™ e tutti gli altri simboli..................................................................251**
**Casi Studio............................................................254**
L'Imprenditore Poco Accorto.....................................255

L'Imprenditore Attento.................................................... 257
**Considerazioni Finali......................................................... 260**
**Un Regalo Per Te................................................................ 262**

# Chi Siamo

**Massimo de Risi**

Dopo la laurea in giurisprudenza presso la Federico II di Napoli, ho frequentato un master in diritto tributario e fiscalità comparata organizzato dalla Scuola Superiore di Economia e Finanza "Ezio Vanoni", ente gestito dal Ministero dell'Economia e Finanze.

Questo background formativo mi consente oggi di aiutare aziende ed imprenditori a strutturare al meglio le strategie di programmazione fiscale, con particolare riferimento alla tassazione agevolata delle Royalties da Marchio Registrato.

Divenuto Avvocato, ho collaborato con rinomati studi legali del panorama nazionale fino a quando, nel 2016, sono diventato partner dello Studio Legale Massaccesi.

Con il collega Fabrizio ho approfondito lo studio della materia della proprietà intellettuale e la passione per il business, il marketing e la Brand identity.

Dalla fusione delle nozioni apprese nella professione forense con quelle acquisite grazie alle passioni di sempre, abbiamo creato **tutelamarchionline.it** un portale di divulgazione scientifica sul mondo della Proprietà Intellettuale che fornisce servizi volti alla tutela della IP (*intellectual property*) a 360° gradi, unico nel suo genere in Italia.

**Fabrizio Massaccesi**
Mi occupo di proprietà intellettuale da molti anni, mantenendo intatta la passione e la dedizione dei primi giorni.

La mia carriera professionale è iniziata a Londra, in un rinomato studio legale internazionale specializzato in Banking & Finance. Successivamente, il ritorno in Italia ha portato un incontro "fortuito" con una controversia riguardante la contraffazione di un Marchio Registrato, ed è stato in quel preciso istante che ho avuto la rivelazione: "Questo è ciò a cui voglio dedicare la mia vita professionale!"

Da allora, la mia carriera si è snodata attraverso una serie di consulenze, registrazioni di marchi e design, controversie in vari ambiti della proprietà intellettuale, culminando nella fondazione, insieme al collega Massimo, di **tutelamarchionline.it**, un progetto che rappresenta il nostro impegno a fornire ai clienti un servizio di consulenza di alta qualità, completamente online.

Il nostro intento è diffondere la cultura della IP nel nostro paese, ancora molto indietro su questo punto rispetto a quelli anglosassoni, con il sud della nazione relegato a fanalino di coda per numero di marchi registrati ed utilizzo degli stessi.

In questo testo sono riassunte tutte le lezioni pratiche imparate prima attraverso lo studio della legge e della fiscalità italiana e poi dall'esperienza di Tutelamarchionline.it, oltre e quelle di tutti i clienti soddisfatti che in questi anni abbiamo aiutato, e siamo certi che leggendolo non rimarrete delusi.

# Prefazione

In un mondo sempre più globalizzato e competitivo, la tutela dei marchi e della proprietà intellettuale diventa un elemento fondamentale per il successo e la crescita delle piccole e medie imprese. È con grande piacere che presento questo manuale divulgativo, frutto dell'esperienza e della competenza di veri professionisti del diritto, pensato per essere accessibile a chiunque, indipendentemente dalle proprie conoscenze in materia.

Il testo che avete tra le mani è stato concepito con l'obiettivo di fornire informazioni utili e pratiche sul marchio d'impresa, pensate per professionisti e imprenditori desiderosi di incrementare i propri fatturati e/o di ridurre i carichi fiscali. Questo volume è caratterizzato da un linguaggio semplice e scorrevole, che rende comprensibili anche le nozioni più tecniche attraverso l'utilizzo di numerosi esempi chiari e concreti.

Il libro si propone di essere una guida completa e approfondita, che accompagna il lettore attraverso ogni aspetto della creazione, registrazione e gestione di un marchio, fornendo tutte le informazioni necessarie per procedere autonomamente, se lo si desidera. Al contempo, il testo mette in guardia dai rischi e dagli errori più comuni e diffusi del "fai da te", offrendo preziosi consigli per evitare spiacevoli sorprese.

Una delle principali caratteristiche di questo volume è la chiarezza espositiva, ottenuta grazie a periodi brevi e concisi e all'utilizzo di un linguaggio semplice, anche quando si affrontano temi tecnici. Questa chiarezza è ulteriormente supportata da molti esempi concreti, che rendono immediatamente comprensibili i concetti più complessi.

Inoltre, il libro offre preziose indicazioni su come sfruttare al meglio il marchio registrato per aumentare i fatturati e generare guadagni, illustrando i diversi modi in cui è possibile capitalizzare questo importante asset aziendale. Infine, il volume spiega come ottenere un netto risparmio fiscale in modo legale, offrendo strategie efficaci per ottimizzare la gestione del proprio patrimonio intellettuale.

Sono certo che questo manuale divulgativo sarà uno strumento prezioso e di facile consultazione per chiunque desideri approfondire e comprendere l'importanza della tutela dei marchi e della proprietà intellettuale, e spero che possa contribuire al successo dei vostri progetti imprenditoriali, così come ha contribuito al mio. Buona lettura!

**Valentino Mea**
*Imprenditore e Consulente SEO*

# Introduzione

Immagina di detenere un potere segreto, un'arma nascosta all'interno del tuo arsenale imprenditoriale, in grado di far **decollare il tuo business** portandolo a livelli prima inimmaginabili.

Se ti dicessimo che quest'arma segreta esiste e che puoi appropriartene con un **investimento davvero irrisorio,** che ti basterà effettuare una sola volta, non sarebbe grandioso?

Allora seguici in questo libro e lascia che ti mostriamo gli incredibili benefici che potrai ottenere attraverso la registrazione del marchio!

I vantaggi concessi dal Marchio Registrato sono così tanti e portentosi che l'unica possibile spiegazione al fatto che tu non ne abbia già approfittato dev'essere la mancanza di informazioni che, sull'argomento, sono piuttosto rare.

I tuoi rivali in affari non si sbottoneranno in merito ai loro vantaggi strategici, i consulenti aziendali potrebbero non essere informati riguardo questa specifica materia e gli esperti di IP chiedono somme principesche per le loro consulenze.

Ebbene, in questo testo spazzeremo via le ombre dell'ignoranza: noi esperti della tutela dei marchi, ti sveleremo i segreti del mestiere, regalandoti una visione cristallina dei benefici straordinari derivanti dalla registrazione del marchio.

Ad esempio, sapevi che la registrazione ti fornisce un potente scudo contro l'usurpazione del tuo marchio da parte dei concorrenti?

O che potresti esigere che un Giudice ordini il sequestro e il ritiro della merce contraffatta distribuita da un concorrente?

Hai mai considerato che l'influenza del tuo Brand può estendersi nel mondo digitale, garantendoti un vantaggio formidabile nel settore e-commerce? Potresti anche dettare regole sui termini di ricerca in Internet!

E non finisce qui! **Un singolo marchio registrato può fornirti un incredibile risparmio fiscale del 25% sul tuo fatturato.**

Inoltre, come dimostrato da uno studio commissionato dall'EUIPO "*I diritti di proprietà intellettuale e la performance delle imprese nell'UE*", **le imprese con almeno un marchio registrato generano un fatturato superiore del 21%!**

Hai sviluppato un design tridimensionale unico per i tuoi prodotti? Puoi registrarli come marchio di forma, proteggendoli così per l'eternità! Questo perché il Marchio è rinnovabile in perpetuo a differenza dei brevetti e dei design!

Il futuro del Branding è qui ed ha un nome: **marketing sensoriale** ed utilizza suoni, colori e odori per veicolare messaggi verso il pubblico. Sapevi che ognuno dei tre elementi indicati è registrabile come Marchio?

Non vorrai certo essere lasciato indietro in questo ambito!

Questi sono solo alcuni dei tesori inestimabili che la registrazione del marchio ti riserva. Il costo? quello di una cena fuori in famiglia! E lo paghi una sola volta!

Questo libro sarà il tuo faro nel mondo della proprietà intellettuale, fornendoti ogni strumento e conoscenza necessari a navigare in questo mare di opportunità.

Il testo che stai per leggere è una sintesi perfetta di tutte le lezioni apprese prima attraverso lo studio della legge e della fiscalità italiana e, poi, dell'esperienza maturata aiutando centinaia di clienti attraverso **tutelamarchionline.it**

Considera questo testo come una vera e propria raccolta di storie vincenti e di efficaci strategie messe a punto per farti raggiungere l'obiettivo promesso fin dal titolo del libro: **farti arricchire grazie al tuo marchio registrato!**

Allora, cosa aspetti? Leggi questo libro, registra il tuo marchio e unisciti al prestigioso club dei detentori di marchi registrati, godendo dei vantaggi che milioni di persone di successo stanno già sperimentando in tutto il mondo!

# Capitolo 1
# Cos'è un Marchio d'Impresa, a Cosa Serve e Come Sfruttarlo

Un manuale che si prefigga l'obiettivo di insegnare e spiegare ai propri lettori tutti i modi in cui è possibile in Italia, al giorno d'oggi, arricchirsi grazie al Marchio Registrato, non può esimersi dal cominciare spiegando cosa esso sia.

Eviteremo di dilungarci in sterili tecnicismi dal momento che questo non è un testo rivolto ai professionisti del settore, per cui non temere: con un linguaggio semplice ma non banale sappiamo di poterti trasmettere i pochi concetti essenziali.

Partiamo da un presupposto: è la legge a regolare il Marchio d'Impresa e, in particolare, stabilisce in modo chiaro e perentorio tutti gli aspetti fondamentali di questo **istituto Giuridico**.

In particolare la normativa di riferimento in questa materia è il Codice della Proprietà Industriale (o CPI) emanato in Italia con il Decreto Legislativo del 10.02.2005 n. 30 che ha raccolto in sé oltre 40 testi normativi precedentemente in vigore.

In particolare il CPI si occupa di disciplinare i Marchi ed i Brevetti definendone:

- Natura;
- Oggetto;
- Poteri;
- Limiti;
- Modi di Acquisto;
- Procedure di Trasmissione;
- Durata;
- Estinzione

Nel testo che hai per le mani ti forniremo tutte le informazioni necessarie per comprendere prima e sfruttare al meglio poi, ognuno degli elementi sopra elencati per far decollare il tuo business e arricchirti ben oltre le tue stesse previsioni.

In questo primo capitolo scoprirai **cos'è un Marchio**, sia in termini giuridici che di marketing e capirai cosa lo differenzia dal Logo con cui, erroneamente, viene spesso confuso. Hai capito bene il Marchio ed il Logo sono due cose ben distinte.

Sai bene che in un mercato globalizzato, in cui operano un'infinità di produttori di beni e fornitori di servizi, è fondamentale sfruttare i segni distintivi come Marchio, Logo e Brand (per citare solo i più noti) per rendersi riconoscibili.

Se però non ti è mai capitato di riflettere sul perché, prova ad immaginare di entrare in un supermercato e, nel reparto "bibite", trovarci solo bottiglie tutte identiche l'una all'altra, senza un'etichetta, una forma o colore a distinguerle.

Riusciresti a trovare *"quella che hai provato la scorsa settimana e che ti è piaciuta così tanto"*? Ovviamente no.

È per questa ragione che le aziende di successo investono gran parte dei propri profitti in marketing e pubblicità: rendere il proprio Brand riconoscibile per far emergere i propri prodotti/servizi rispetto a quelli dei loro concorrenti in affari.

Il punto di partenza del complesso di attività che vanno sotto il nome di "marketing" (o "pubblicità") è l'identità dell'azienda (o "Brand Identity") che è legata a doppio filo al Marchio ed al Logo con cui l'azienda ha scelto di far conoscere se stessa o i propri prodotti.

Spesso si sentono utilizzare i due termini come fossero sinonimi, ma non è così: Logo e Marchio non sono la stessa cosa, anzi, sono davvero molto differenti e confonderli può portare un imprenditore a spiacevoli conseguenze.

## Il Marchio nella Storia Economica e nel Commercio

Il Marchio rappresenta in tutto e per tutto l'identità del Brand ("Brand Identity") dell'azienda o della singola linea di prodotti ed ha la funzione di creare nel consumatore una sensazione di familiarità, di garanzia e di affidabilità.

In particolare quando ci si riferisce al settore della pubblicità, bisogna tener presente che "il Marchio" non è un elemento singolo ed univoco ma racchiude al suo interno una varietà di elementi che, insieme, concorrono a "costruire" nel pubblico una precisa idea del Brand.

Ci riferiamo a quel "messaggio", quella "narrazione", quella "mission", che l'azienda mira a trasmettere ed inculcare nei consumatori, per trasformarli in suoi clienti abituali, che prende il nome di "Brand Identity".

Altra cosa da tenere presente è che il mondo della pubblicità è veloce e mutevole e, per questa ragione, i loghi registrati devono essere "fluidi", ossia in grado di espandersi, contrarsi e modificarsi nel corso della vita dall'azienda.

Proprio per ottenere questo risultato il Marchio è composto da più elementi diversi tra loro che lavorano in sinergia per formare la "Brand Identity" ma che, all'occorrenza, possono venire modificati o addirittura eliminati senza che ciò incida sugli tutti altri.

Proprio grazie alla sua natura mutevole e variegata, nel corso della sua vita un Marchio (Brand), può anche estendersi ed inglobare nuovi elementi come, ad esempio, un motivetto orecchiabile (jingle) o un personaggio di fantasia (mascotte).

In ambito pubblicitario, quindi, possiamo immaginare il Marchio come una specie di contenitore all'interno del quale svariati elementi concorrono a creare "l'identità del Brand".

Alla luce di tutto quanto sopra è chiaro che il Marchio è l'elemento principale della Brand Identity di una azienda.

Il Marchio è un asset immateriale di una azienda, probabilmente il più importante, ed ha la funzione di identificare in modo chiaro ed univoco i prodotti ed i servizi da essa offerti.

Il Marchio è disciplinato dall'articolo 7 del Decreto Legislativo n. 30 del 10/02/2005 noto anche come Codice della Proprietà Industriale il quale stabilisce che possono essere registrati come Marchio d'impresa tutti i segni distintivi, a patto che siano in grado di:

1. Distinguere inequivocabilmente i prodotti e/o i servizi di un'impresa da quelli delle altre;
2. Essere rappresentati nel registro così che le autorità competenti ed il pubblico possano identificarli e riconoscerli con chiarezza e precisione.

Dalla lettura della norma appena citata si comprende che il Marchio può assumere molteplici forme, tutte suscettibili di registrazione, a seconda di quale aspetto della propria Brand Identity si intende tutelare. Proprio per tale ragione è molto importante avere ben chiaro quali sono i marchi registrabili.

## A Cosa Serve - I Vantaggi di Avere un Marchio Registrato

Un marchio, soprattutto se registrato, svolge diverse funzioni:

- Identifica l'azienda e da un nome alla sua "missione";
- Crea un legame di fiducia con la clientela;
- Rende credibile un'azienda e la accredita per operare ad alti livelli di professionalità;
- Consente a piccole realtà di operare in sicurezza su scala internazionale attraverso l'e-commerce;
- Fa si che si sviluppi quel senso di "affidamento" nei confronti dell'azienda da parte del pubblico;
- Rende immediatamente riconoscibili i propri prodotti e servizi;
- Differenzia e fa risaltare i prodotti ed i servizi offerti da chi ne è titolare rispetto a quelli offerti dai concorrenti;
- Conferisce ampie tutele legali nel caso in cui i propri prodotti vengano contraffatti dai concorrenti (locali o stranieri);
- Protegge tutti gli investimenti fatti in pubblicità/marketing.

Come intuibile dall'elenco sopra, Marchi e loghi registrati possono svolgere da soli l'intera funzione di creare e tutelare la Brand Identity, a maggior ragione quando si registrano più marchi di diversa tipologia sotto la supervisione di esperti della materia, quella che abbiamo definito "registrazione ad ampio spettro".

# Costruire un Marchio di Successo

E' il processo di scomposizione dei vari elementi che compongono, tutti insieme, un Marchio, così da poterne svolgere un'analisi individuale e puntuale.

Prendiamo in analisi il Marchio completo di McDonald's:

*Analisi grammaticale del Marchio*

Grazie all'immagine qui sopra puoi capire quali sono i 7 elementi fondamentali della Brand Identity:

1. **Concetto**: è l'idea attorno cui ruota tutta l'identità di un Brand e risponde alla domanda *"chi sono?"*;
2. **Nome**: è il nome che si è scelto di dare al proprio Brand e risponde alla domanda *"come mi chiamo?"*;
3. **Payoff**: è una frase che accompagna il Brand e ne esprime i valori rispondendo alle domande *"cosa faccio?"* e *"qual è la mia mission?"*;
4. **Logotipo** o **Logo**: è il nome del Brand e risponde alla domanda *"come si scrive il mio nome?"*;
5. **Colore**: è il colore che si è scelto di dare al proprio Brand e si ripete nel Logotipo, nel *Payoff* e nel Simbolo;
6. **Simbolo**: è l'icona, il disegno, il pittogramma del Brand e risponde alla domanda *"che cosa mi rappresenta?"*;
7. **Font**: è il carattere con cui vengono scritti il Logotipo ed il *Payoff* e risponde alla domanda *"come sono raffigurate le lettere che compongono il mio nome?"*.

Nonostante ognuno di questi 7 elementi sia necessario alla creazione di una forte "identità aziendale" in grado di attrarre e fidelizzare una fetta del vasto pubblico dei consumatori, trasformandoli così in clienti, solo 3 di questi sono da considerarsi come elementi fondamentali del Marchio.

## I 3 Elementi Imprescindibili di un Marchio

Chiariamo subito che per ogni Marchio vale un discorso a sé, strettamente connesso alle necessità del titolare dello stesso, alla tipologia di prodotti o servizi commercializzati, al mercato di riferimento e a tanti altri fattori che sarebbe lungo elencare.

Ovviamente a esigenze diverse vanno offerte risposte diverse e, quindi, non esiste una "forma ottimale" di Marchio, da preferire alle altre sempre e comunque.

Devi considerare la scelta del Marchio giusto per le tue esigenze come un'attività "sartoriale", dal momento che il Marchio va "cucito su misura" affinché calzi alla perfezione al tuo business, rispondendo in modo ottimale alle esigenze peculiari del mercato su cui operi.

Considerando poi che i mercati sono per loro natura mutevoli, e che le esigenze delle aziende mutano con esse, devi consultare regolarmente il tuo "sarto" affinché possa apportare al Marchio quegli "aggiusti" che via via si renderanno necessari.

Fermo restando quanto sopra, possiamo dire che, in linea generale, ogni Marchio dovrebbe comporsi di almeno questi tre elementi:

1. **Logo**: nome del Brand;
2. **Pittogramma**: icona del Brand;
3. **Payoff**: messaggio del Brand

Infatti, questi tre elementi da soli possono bastare a veicolare nei confronti del pubblico una chiara identità di Brand.

Nel linguaggio comune il Logo viene spesso erroneamente confuso con un altro elemento grafico a cui viene generalmente affiancato e che prende il nome di Pittogramma, che altro non è che un segno/un disegno/una icona, che può avere più o meno attinenza al Brand a cui si riferisce.

*Pittogramma McDonald's*

Per rimanere nell'esempio fatto prima la grande M gialla che campeggia sopra ogni ristorante della catena di fast food è il "Pittogramma" e non il "Logo" di McDonald's.

Allo stesso modo la famosa frase "I'm Lovin' It" legata al "logo marchio brand" della catena di fast food americana tecnicamente è definita Payoff.

Payoff McDonald's

Se il tuo Marchio è strutturato come quello della nota catena di fast food, per tutelarlo al meglio in Italia devi registrare ogni singolo elemento che lo compone: il primo ed il terzo elemento come "Marchio Denominativo" mentre il secondo come "Marchio Figurativo" e, quindi, come Marchi Convenzionali.

Se con il tuo Marchio intendi operare anche in altri Paesi membri dell'Unione Europea, allora effettua una registrazione Comunitaria e, con con l'aiuto di esperti della materia valuta se non sia il caso di effettuare una singola registrazione per l'intero Marchio in qualità di "Marchio Misto".

## Scopri se il tuo è Marchio Forte o Marchio Debole

In primo luogo chiariamo cosa si intende per Marchio Forte e Marchio Debole giacché queste definizioni sono spesso utilizzate con poca cognizione di causa, probabilmente a causa del fatto che hanno significati ben diversi da quelli che i rispettivi nomi suggeriscono.

Si definisce Marchio Forte quello che non ha attinenza concettuale con i prodotti o i servizi a cui è associato. Per tale ragione, questa tipologia di marchio è dotata di maggior Capacità Distintiva, da qui il nome di Marchio Forte.

Un duplice esempio di Marchio Forte è rappresentato dal Brand ADIDAS: che nasce dalla fantasia del suo fondatore (Adolf Dassler) che inventò il nome della sua fabbrica di scarpe unendo il suo nomignolo "Adi", da Adolf appunto, con le prime tre lettere del cognome Das, da Dassler.

Ebbene, dal momento che il nome ADIDAS non ha nulla a che fare con il concetto delle calzature, né richiama in alcun modo quel settore merceologico, ne consegue che il Marchio è connotato da una grande capacità distintiva e, quindi, che è un Marchio Forte.

Stesso discorso vale per il simbolo dell'ADIDAS: il Trifoglio che, utilizzato nel mercato delle calzature e dell'abbigliamento con il quale non ha alcuna attinenza concettuale risulta subito identificabile, cosa che non accadrebbe se fosse utilizzato da, ad esempio, un'azienda del settore agrario.

Per Marchio Debole si intende quel Marchio che ha un'attinenza concettuale molto stretta con i prodotti ed i servizi cui è collegato e, quindi, gode di una Capacità Distintiva blanda.

In alcuni casi limite, il Marchio Debole si sostanzia semplicemente nel nome del prodotto cui è collegato con l'aggiunta di qualche piccola variazione grafica.

Il Marchio Debole è definito tale perché tutela il suo titolare solo per la parte che si differenzia dal nome del prodotto e non per l'intero Marchio.

Pertanto i concorrenti potranno tranquillamente usare le parti non distintive di quel Marchio a loro piacimento, senza alcuna conseguenza legale.

Un esempio eclatante di Marchio Debole è quello di "Poltrone e Sofà": qui il Marchio è composto proprio dal nome dei due prodotti commercializzati dal Brand.

Pertanto, pur essendo titolare di un Marchio Registrato, l'azienda non può vietare a nessuno l'utilizzo delle parole "Poltrone" o "Sofà" per contraddistinguere prodotti identici o simili a quelli da essa commercializzati.

**E' in caso di contraffazione che vengono alla luce le differenze tra Marchio Forte e Marchio Debole:** per il primo anche quando la contraffazione è ben artefatta si può ottenere una condanna, mentre per il secondo spesso basta che siano state apportate poche piccole modifiche per evitarla.

## Evita la Decadenza del Marchio per "Non Uso"

Cosa si intende per Marchio Decaduto? Cosa significa "non uso" del Marchio?

Queste due domande sono tra le prime a saltare fuori quando si approfondisce lo studio di questa materia, probabilmente perché risulta controintuitivo che si possa "perdere" ciò di cui si è proprietari solo perché non lo si è adoperato, eppure è esattamente ciò che prevede la legge.

Una delle funzioni del Marchio consiste nell'impedire ai concorrenti di chi ne è titolare di utilizzare la parola registrata come Marchio (diritto di privativa).

Questo diritto si scontra, vincendo, con il diritto dei concorrenti di utilizzare quella determinata parola per i propri prodotti.

Questo è un potere molto forte se consideri che, magari, la parola registrata come Marchio ha un significato particolare nel settore di mercato in cui titolare e concorrenti operano.

Per questa ragione la Legge riequilibra i rapporti tra questi interessi contrastanti facendo sì che si possa mantenere il diritto all'uso esclusivo di quella parola o immagine solo se questo uso viene esercitato concretamente da chi ne ha diritto.

Immagina, ad esempio, che un tuo concorrente abbia registrato come proprio Marchio una parola davvero molto rilevante per il mercato in cui entrambi operate, e che lo abbia fatto non per usarla davvero come suo Marchio, ma al solo scopo di impedire a te e tutti gli altri di usarla.

In questo caso si parla di abuso del diritto, cioè una circostanza in cui qualcuno utilizza un proprio diritto in modo deviato ed al solo scopo di ledere gli altri.

Per impedire ogni esercizio abusivo del diritto di privativa derivante dalla registrazione di un Marchio la legge stabilisce che si perde la titolarità di un Marchio Registrato, in caso di suo mancato uso per cinque anni consecutivi.

Questo è uno dei due casi in cui si parla di Marchio Decaduto e, più precisamente, di Marchio Decaduto per mancato utilizzo.

Il secondo caso in cui si parla di Marchio Decaduto è ben più raro, e si verifica quando (e se) un Marchio acquisisce nel tempo un significato talmente ampio e generico da perdere del tutto il suo carattere distintivo, all'interno della sua nicchia di mercato.

In questo secondo caso si parla di **Marchio Decaduto per Volgarizzazione**, attenzione, però, perché Il Marchio non decade automaticamente, essendo necessario un provvedimento dell'Ufficio dei Marchi o del Tribunale competente emesso una volta accertata la sussistenza dei presupposti necessari a dichiararlo "volgarizzato".

## Verità Celata: Marchio e Logo Non Sono la Stessa Cosa

E' possibile individuare ed analizzare la differenza tra Logo e Marchio sotto i seguenti aspetti:

- Pubblicitario/Marketing;
- Legale/Giuridico.

A seconda di quale di questi due ambiti si sta considerando, i concetti di "Marchio" e "Logo" possono subire significative variazioni.

Proprio per questa ragione, nell'analisi che segue affronteremo separatamente questi due ambiti, segnalando di volta in volta quale delle di esse si sta considerando in quel momento.

## Cos'è un Logo dal Punto di Vista Marketing Pubblicitario

In primo luogo chiariamo che il termine "Logo" è l'abbreviazione della parola "Logotipo", vocabolo composto dal termine greco "Logos" (λόγος) che significa "parola/discorso", unito con quello italiano tipografico che significa "relativo alla stampa/tipografia" (fonte *Vocabolario Treccani*).

Con Logo (o Logotipo) ci si riferisce a quell'insieme di elementi (lettere, font/lettering, colore) che compongono la trascrizione grafica del marchio, pertanto possiamo sgombrare il campo da un primo errore molto diffuso nel linguaggio comune: non vi è alcuna differenza tra logo e logotipo!

Per intenderci ci riferiamo a quella parola, scritta e raffigurata sempre in modo identico a se stessa, che potremmo definire "il nome del Brand".

Vediamo degli esempi pratici analizzando loghi e marchi registrati:

*Logo del marchio McDonald's*

Il Logo della nota catena di fast food McDonald's è proprio quel segno grafico, composto da quei dieci caratteri (apostrofo incluso) affiancati l'un l'altro in quel preciso ordine, con quello specifico font ed in quella tonalità di bianco che tutti abbiamo imparato a riconoscere.

Di loghi con lettere dell'alfabeto ne esistono di infinite varietà e tipologie (possono essere più o meno complessi, pieni di dettagli o solo stilizzati, colorati o in bianco e nero) ma, qualunque forma assumano, è fondamentale che saltino all'occhio, perché lo scopo di un Logo è attirare l'attenzione del pubblico.

Tutti sappiamo che loghi e marchi accattivanti hanno il potere di suscitare la curiosità del pubblico che, a quel punto, sarà sicuramente più propenso ad acquistare e provare per la prima volta un nuovo prodotto o servizio.

Alla luce di tutto quanto sopra è chiaro che il Logo con le lettere, o senza, è solo uno dei molti elementi di cui si compone un Marchio.

## Cos'è un Logo dal Punto di Vista Giuridico Legale

La legge ed il settore giuridico della tutela della proprietà intellettuale non conoscono il termine "Logo" che in questi ambiti non ha nessun significato.

Al più, ma solo in senso non tecnico, il termine "Logo" può venir utilizzato per indicare il segno grafico-grammaticale che identifica l'unico elemento rilevante in ambito giuridico: il Marchio.

Avendo chiarito questo aspetto, che spesso sfugge ai più, possiamo sgombrare il campo da un equivoco che spesso è capitato di leggere online:

- E' del tutto errata la frase "registrare un Logo", dal momento che oggetto di registrazione può essere esclusivamente il Marchio.

Qualora si intendesse registrare il "Logo", lo si potrebbe fare registrando quello che tecnicamente viene definito Marchio Denominativo.

## Il Marchio ed il Brevetto: Preziose Risorse Aziendali

Innegabilmente i due istituti giuridici di cui ci occuperemo in questo articolo vengono spesso confusi dai non addetti ai lavori, questo presumibilmente è dovuto al fatto che entrambi svolgono un'identica funzione: tutelare la proprietà intellettuale dei rispettivi titolari.

In qualità di consulenti in proprietà intellettuale cercheremo quindi di chiarire in modo preciso la differenza tra i due elementi in esame, partendo da una precisazione rispetto alla funzione che essi svolgono, gli effetti di depositare un Brevetto e di registrare il Marchio sono i medesimi:

1. Attribuire ai rispettivi Titolari il diritto all'utilizzo esclusivo di quanto registrato o depositato;
2. In caso di utilizzo abusivo altrui, conferire ai Titolari il potere di usare le tutele previste dalla Legge.

Nonostante abbiano entrambi lo scopo di registrare un'idea, però, Marchio e Brevetto non sono affatto la stessa cosa, essi differiscono tra loro tanto quanto i beni che rispettivamente tutelano.

Come ormai hai capito, i due si differenziano principalmente in funzione della tipologia di bene che tutelano una volta trascritti nel registro marchi e brevetti custodito presso l'Ufficio marchi e brevetti italiani.

Tale differenza risulta spesso fumosa per chi è a digiuno di questa materia perché, tanto per i Marchi quanto per i Brevetti, i beni oggetto di tutela sono frutto dell'ingegno sprovvisti di una consistenza fisica (beni immateriali), che prendono il nome di "proprietà intellettuale" o "proprietà industriale".

La proprietà intellettuale si articola e differenzia in diverse tipologie tra loro molto differenti per natura e disciplina giuridica e, proprio per offrire ad ognuna di esse la giusta tutela, sono stati creati istituti giuridici diversi.

Del resto anche Il Codice della Proprietà Industriale (Decreto Legislativo n. 30 del 10/02/2005) nel disciplinare i Marchi (art. 7) ed i Brevetti (art. 45) piuttosto che dirci "cosa sono" preferisce dirci "a cosa servono".

Data la complessità di questa materia, gli imprenditori di successo si rivolgono preventivamente ad un avvocato specializzato in proprietà intellettuale, cui commissionare apposita consulenza, prima di arrischiarsi a depositare un idea o brevettare un logo completamente al buio.

Sappiamo bene che per rendere più chiaro un concetto fumoso è fondamentale offrire degli spunti concreti, per cui analizziamo direttamente le norme che seguono.

## Cos'è un Brevetto?

Per quanto concerne il Brevetto Industriale l'articolo 45 del Codice della Proprietà Industriale spiega che esso è l'attestazione della proprietà di una invenzione.

Il Brevetto può essere depositato per un'invenzione relativa a qualunque settore della tecnica, ma solo a condizione che tale invenzione sia:

1. Nuova;
2. Implichi un'attività inventiva;
3. Possa avere una concreta applicazione industriale.

La lettura della norma conferma come per la legge non è importante definire cosa è un "Brevetto", bensì spiegare a cosa serve un Brevetto, e farlo attraverso l'elencazione di cosa è "brevettabile".

Riassumendo: sono brevettabili le idee frutto dell'ingegno, purché siano "nuove" rispetto a quanto già esiste e che siano suscettibili di essere concretamente realizzate ed applicate nell'attività industriale.

**ATTENZIONE:** La Legge esclude espressamente che 3 tipologie di "idee" possano considerarsi "invenzioni" e, quindi, che possano essere brevettate.

Nello specifico, **non sono considerate invenzioni**:

1. Le scoperte e le teorie scientifiche nonché i metodi matematici;
2. I piani, i principi ed i metodi per attività intellettuali, per gioco o per attività commerciale ed i programmi di elaboratore (software);
3. Le presentazioni di informazioni.

Se la tua idea rientra all'interno di uno di questi tre gruppi, sappi che per la Legge non è considerabile una "invenzione" e, quindi, non è tutelabile con un Brevetto.

### Invenzioni Non Brevettabili

Dopo aver chiarito che oggetto di brevetto sono le invenzioni che rispondono a determinati requisiti, specifichiamo che esistono delle invenzioni che, pur avendo tali requisiti, non possono essere oggetto di Brevetto per espresso divieto di legge.

Nello specifico, sono invenzioni non brevettabili:

1. i metodi per il trattamento chirurgico o terapeutico del corpo umano o animale e i metodi di diagnosi applicati al corpo umano o animale;
2. le varietà vegetali e le razze animali ed i procedimenti essenzialmente biologici di produzione di animali o vegetali, comprese le nuove varietà vegetali rispetto alle quali l'invenzione consista esclusivamente nella modifica genetica di altra varietà vegetale, anche se detta modifica è il frutto di un procedimento di ingegneria genetica;
3. le varietà vegetali iscritte nell'Anagrafe nazionale della biodiversità di interesse agricolo e alimentare nonché le varietà dalle quali derivano produzioni contraddistinte dai marchi di denominazione di origine protetta, di indicazione geografica protetta o di specialità tradizionali garantite e da cui derivano i prodotti agroalimentari tradizionali.

Quello sopra è il testo dell'articolo 45 del Decreto Legislativo n°30 del 10.02.2005 dal titolo "oggetto del brevetto" che non è affatto di immediata interpretazione, pertanto, se hai dubbi circa la brevettabilità di una tua invenzione ti esortiamo a rivolgerti subito a degli esperti di registrazioni marchi e brevetti.

## Come Sfruttare al Meglio Marchi e Brevetti

I Marchi ed i Brevetti sono eccellenti asset per i loro titolari, perché consentono di:

1. Proteggere i propri investimenti in marketing/pubblicità (il Marchio) o in ricerca e sviluppo (il Brevetto), impedendo ad altri di utilizzare gratuitamente i frutti di tali investimenti;
2. Acquisire capitali attraverso la concessione temporanea dei loro diritti d'uso dietro pagamento di un canone.

I Marchi ed i Brevetti sono entrambi utilizzabili per:

- **Generare profitti attraverso la concessione di licenze d'uso**: il titolare di un bene immateriale può concedere ad altri l'uso per un periodo di tempo determinato dietro pagamento di un canone (o "royalty");
- **Ottenere profitti più alti dagli investimenti**: un'impresa che investe in marketing o in ricerca e sviluppo deve necessariamente proteggere i frutti di tali investimenti attraverso le opportune tutele legali, così da garantirsi maggiori ritorni economici;
- **Partecipare ai vantaggi della concessione incrociata di licenze**: le imprese possono scambiarsi a vicenda l'uso di uno o più dei propri brevetti industriali,

con il beneficio per entrambi di poter utilizzare una tecnologia che altrimenti non avrebbero a disposizione;
- **Accedere a nuovi mercati:** concedere a terzi una licenza su Marchi e Brevetti consente di accedere a nuovi mercati grazie all'aiuto proprio dell'impresa a cui si concede la licenza d'uso, che su quel mercato già opera. In questo caso è molto importante proteggere la proprietà intellettuale anche nel mercato straniero con una apposita nuova registrazione;
- **Poter accedere più facilmente a credito ed investimenti**: la titolarità di Marchi e Brevetti è essenziale per ottenere denaro da istituti di credito o finanziatori esterni. I primi accettano le proprietà immateriali a garanzia di un mutuo, mentre i secondi sono più propensi ad investire in un'impresa titolare di un folto pacchetto di Marchi e Brevetti.

Dallo studio "i diritti di proprietà intellettuale e la performance delle imprese nell'UE", effettuato dall'Ufficio dell'Unione europea per la proprietà intellettuale (EUIPO), è emerso che le imprese che possiedono almeno un Marchio registrato, in media generano un fatturato superiore del 21%.

# ARRICCHIRSI CON IL MARCHIO REGISTRATO

## Registrare un Marchio o Depositare un Brevetto?

Per aiutarti a dare una risposta a questa domanda, possiamo fare un esempio.

Poniamo che hai ideato una nuova tecnologia per televisori, puoi brevettare quelle componenti che rendono il tuo prodotto nuovo ed originale rispetto agli altri presenti sul mercato.
In questo modo hai impedito ai tuoi concorrenti di realizzarne una copia identica.

Poniamo poi che hai chiamato questo nuovo modello di televisore "Aladino", puoi registrare questo nome come Marchio nella classe merceologica che comprende i televisori. In questo modo hai impedito alla concorrenza di chiamare le proprie tv "Aladino" e rubarti clientela o danneggiare la reputazione del tuo televisore vendendo prodotti scadenti sotto il nome "Aladino".

Qualora poi decidessi di vendere il progetto del tuo televisore, puoi cedere:

- Esclusivamente il Brevetto;
- Solo il Marchio;
- Entrambi;
- Venderne uno e darne temporaneamente in licenza l'altro.

Data la complessità di queste decisioni, che però sono fondamentali per la tua impresa, devi sempre rivolgerti a degli esperti che possano guidarti nella scelta della tutela più efficace per la tua proprietà intellettuale.

## Capitolo 2

## Il Marchio di Fatto: I Poteri Che Non Sapevi di Avere

Dopo che nel precedente capitolo abbiamo chiarito cos'è un "Marchio", rendendo meno fumoso un concetto che in astratto conosciamo tutti, possiamo passare al successivo passaggio logico: i Marchi esistono anche in assenza di registrazione?

Lavorare nel settore della proprietà intellettuale (o industriale) ci ha insegnato che nella stragrande maggioranza dei casi i Marchi vengono, purtroppo, utilizzati sul mercato senza che siano stati registrati, questo però non li lascia privi di tutela.

Sgombriamo subito il campo da un errore: quella riconosciuta al Marchio non registrato è una tutela molto blanda, che attribuisce poteri parziali e inadatta a difendere gli interessi di chi abbia intenzione di espandersi ed arricchirsi per davvero.

Rimandando ai successivi capitoli la disamina di tutto ciò che riguarda la titolarità di un marchio registrato, vediamo ora come la legge tutela quei segni distintivi utilizzati diffusamente sul mercato ma mai registrati né rivendicati in alcun modo.

In effetti il titolare di una attività commerciale di vendita al dettaglio è improbabile che abbia registrato il proprio marchio, essendosi molto probabilmente limitato a esporlo direttamente sulla porta d'ingresso del locale: la cosiddetta "insegna".

Per fare un esempio prendiamo il ristorante dove hai cenato di recente, sicuramente avrà avuto un nome (magari noto nella zona) riportato anche sul menù o le tovaglie, ma è improbabile che sia stato registrato come Marchio d'impresa, giusto?

Cosa succede allora? Chiunque potrebbe aprire, dall'altro lato della strada, un ristorante con lo stesso nome? E a venire aperta con il medesimo nome fosse una lavanderia, andrebbe bene solo perché non si tratterebbe di un ristorante?

Ebbene, forse ti sorprenderà scoprire che anche l'insegna è a tutti gli effetti un "segno distintivo" disciplinato all'interno del codice della proprietà industriale e, in quanto tale, riceve una specifica tutela da parte della legge.

La disciplina dell'insegna è in realtà simile a quella del "Marchio di fatto" cioè quel marchio che, pur non essendo stato registrato, è divenuto noto perché viene utilizzato da tempo sul mercato in modo pubblico, pacifico ed ininterrotto.

Torniamo all'esempio del ristorante di poco fa: gli attuali proprietari sono magari i nipoti del fondatore del ristorante che ha aperto in quella sede e con quel nome ormai 50 anni fa. La legge non potrebbe mai vanificare tutti questi anni di lavoro.

Cosa succederebbe se qualcuno tentasse di aprire in quella zona un ristorante con lo stesso nome? Gli attuali proprietari potrebbero ottenere che il Tribunale costringa il nuovo locale a cambiare nome o a spostarsi altrove!

Ovviamente perché il Tribunale si pronunci a favore dei nostri ristoratori sarà necessario che questi diano prova certa del fatto che il loro locale si trova lì, che ne sono effettivamente titolari, che il nome è il medesimo da 50 anni ecc.

Aggiungiamoci che oltre alle difficoltà ed ai costi processuali, non è detto che il Giudice si pronunci a loro favore, e che in Italia i tempi di una causa sono davvero lunghi e ti sarà chiaro perché è meglio registrare il Marchio sempre e comunque.

Qual è allora la differenza con il marchio registrato? **Il marchio di fatto ha rilevanza solo limitatamente al luogo dove è noto ed utilizzato** e non viene tutelato al di fuori di quella specifica zona geografica né in altre categorie merceologiche.

Sempre in merito all'esempio fatto prima possiamo dire che i concorrenti dei nostri ristoratori potrebbero legittimamente aprire il loro ristorante omonimo in un'altra zona della città e, addirittura, organizzare un franchising in ogni altra città d'Italia.

Se la cosa potrebbe non rappresentare un problema per i ristoratori dell'esempio (del resto il loro ristorante non può fisicamente spostarsi) lo stesso non può dirsi per molti altri modelli di business, come ad esempio quelli online.

## Le Caratteristiche Necessarie del Marchio di Fatto

Nell'introduzione a questo capitolo hai capito che affinché un segno distintivo sia riconosciuto dalla legge come Marchio di Fatto deve essere dotato di queste 4 caratteristiche:

1. Continuità;
2. Pubblicità;
3. Durata;
4. Pacificità.

Adesso le analizzeremo individualmente così che tu possa valutare in autonomia se il segno distintivo che stai utilizzando sul mercato potrebbe essere tutelato come Marchio di Fatto oppure no.

### Continuità

Il segno distintivo deve essere utilizzato per identificare i prodotti o i servizi cui è legato in modo continuativo: non può essere sostituito da altri segni distintivi né può essere apposto a prodotti e servizi diversi da quelli cui è sempre stato legato.

Torniamo all'esempio del ristorante fatto al paragrafo precedente: se i ristoratori sostituissero il nome del ristorante ereditato dal nonno con un nuovo nome, non riceverebbero tutela né per il primo nome né per il nuovo nome.

Allo stesso modo, qualora iniziassero ad utilizzare il nome del ristorante ereditato dal nonno anche produrre televisori, questa nuova attività non riceverebbe la tutela di marchio di fatto essendo essa legata esclusivamente a quella originaria.

## Pubblicità

Nonostante il linguaggio comune possa trarre in inganno, per "pubblicità" non s'intende alcuna operazione di marketing, bensì ci si riferisce al fatto che il segno distintivo deve essere utilizzato in modo pubblico e palese a chiunque.

In buona sostanza, per ricevere riconoscimento di marchio di fatto, un segno distintivo non può essere utilizzato in modo nascosto e segreto, ma deve invece venire necessariamente esposto al maggior numero possibile di persone.

Ritorniamo al nostro esempio: il ristorante aperto 50 anni orsono dal nonno degli attuali proprietari deve aver sempre avuto l'insegna visibile dalla strada, in modo da essere riconoscibile ed identificabile con quel nome da chiunque.

E' importante tenere presente che non conta il fatto che il segno distintivo venga davvero "visto da chiunque", ciò che davvero conta è che sia utilizzato in modo palese e pubblico, così da poter essere **potenzialmente** visto da chiunque.

## Durata

Anche la durata di utilizzo del segno distintivo ha una rilevanza dal punto di vista della legge, esso infatti deve essere utilizzato per un tempo sufficiente a renderlo noto quantomeno a livello locale.

Chiariamo che la legge non fissa una durata minima di tempo, limitandosi a sancire che l'utilizzo deve essere sufficientemente lungo da rendere localmente noto il marchio per cui si invoca la tutela come "marchio di fatto".

Sarà il Giudice chiamato a decidere se riconoscere la tutela di marchio di fatto o meno a dover valutare, caso per caso, se l'intercorsa durata di utilizzo è effettivamente sufficiente a rendere localmente noto il marchio o meno.

## Pacificità

L'utilizzo del segno distintivo deve essere effettuato in modo pacifico, ciò non vi deve essere stata contestazione da parte di altri soggetti quantomeno per la maggior parte del tempo in cui esso è stato utilizzato.

Per ambire al riconoscimento di una tutela come marchio di fatto, devi aver utilizzato il tuo segno senza aver subito azioni legali da parte di altri soggetti che su quello specifico segno vantano un diritto precedente o più forte del tuo.

Se questo requisito non fosse richiesto dalla legge, chiunque potrebbe utilizzare un marchio famoso come nome della propria attività commerciale e, a patto che sussistano gli altri requisiti, invocare la tutela del proprio marchio di fatto.

Ovviamente la legge non contempla la possibilità che un simile paradosso si realizzi e, quindi, fissa come requisito essenziale per il riconoscimento di una tutela, anche questo preciso elemento.

## Arricchirsi con il Marchio di Fatto: Si Può?

Come abbiamo visto, in determinate condizioni la legge riconosce una certa tutela ai segni distintivi non registrati, quindi è lecito domandarsi se non sia possibile arricchirsi con il marchio di fatto, risparmiando le spese di registrazione.

Ebbene a tale domanda dobbiamo fornire una risposta nettamente negativa: non è possibile arricchirsi con il Marchio di fatto, e adesso ti spiegheremo tutti i motivi.

Partiamo dal presupposto che l'istituto giuridico del marchio di fatto esiste solo al fine di consentire a chi ne è titolare di proteggere la reputazione e la notorietà guadagnate con il duro lavoro, e non per essere sfruttato come business asset.

Considera che la registrazione conferisce un certificato attestante il "diritto di proprietà" sul segno, mentre l'esistenza di marchio di fatto deve essere riconosciuta da un Giudice dopo aver accertato la sussistenza dei necessari requisiti.

Per via di questa sua natura giudiziale il marchio di fatto ha una valenza limitata al solo territorio ove è *"localmente noto"* e non può essere ceduto a terzi, del resto un conto è cedere un certificato ufficiale, altro sarebbe cedere un accertamento giudiziale.

In buona sostanza **con un marchio di fatto non si può**:

1. Guadagnare creando un Franchising;
2. Capitalizzare con la concessione in licenza;
3. Risparmiare sulle tasse aziendali
4. Iscrivere a bilancio un asset immateriale.

Concludendo: quello del marchio di fatto è un potere esclusivamente difensivo che, se ben sfruttato, può essere utilizzato per difendere i tuoi attuali guadagni dai concorrenti in affari scorretti, ma che non ti consentirà di aumentare i fatturati.

# Il Marchio Storico: Sfruttane il Potere

Molto probabilmente ti è capitato di vedere apposto il logo "Marchio Storico" accanto ad alcuni brand o sulle insegne di certi locali commerciali, ma cosa comporta davvero l'utilizzo di questo logo? Come si ottiene?

Nel 2019 è stato promulgato il "Decreto Crescita" e, tra le novità da esso introdotte, troviamo la creazione del "Registro dei Marchi Storici di interesse nazionale" conservato sempre presso l'Ufficio Italiano Brevetti e Marchi o U.I.B.M.

Per essere iscritti in questo speciale registro è necessario essere titolari di un marchio ininterrottamente registrato da almeno 50 anni o, nel caso di un marchio di fatto, dimostrare di aver utilizzato detto segno distintivo per almeno 50 anni.

Nel 2020 poi è stato istituito anche il Logo "Marchio Storico" il cui utilizzo viene consentito dallo Stato italiano a tutti quei marchi iscritti nell'apposito registro speciale.

Tale registrazione speciale è concessa, a patto che ne sussistano i presupposti, dietro il pagamento di un bollo di 15 euro, e non viene richiesto alcun pagamento per l'utilizzo del logo sopra raffigurato, sono però previste sanzioni chi lo utilizza senza apposita autorizzazione.

L'iscrizione nello specifico registro dei marchi storici non conferisce alcun potere particolare né comporta l'acquisto di un diritto speciale, limitandosi a consentire l'apposizione del logo sopra riportato e l'utilizzo della dicitura "marchio storico".

Quali sono dunque i vantaggi di questa speciale iscrizione? Apporre la dicitura "marchio storico di rilevanza nazionale":

1. Conferisce prestigio al Brand, che si traduce in un aumento di clientela e fatturato;
2. Aumenta esponenzialmente il valore del Marchio in caso di cessione a terzi.

## ARRICCHIRSI CON IL MARCHIO REGISTRATO

Pertanto se sei in possesso dei requisiti necessari ad ottenere questa speciale registrazione ti suggeriamo di avviare immediatamente le pratiche necessarie al suo ottenimento, non esiste alcuno svantaggio.

# Capitolo 3
# Registrazione del Marchio: Tutto Quello che Devi Sapere

Prima di procedere ad una spiegazione dettagliata di come tutelare un Marchio, è necessario chiarire cosa si intenda quando si parla di "Registrazione", così da sgombrare il terreno da dubbi e circoscrivere il campo di analisi che sarà approfondito in questo testo.

Dal punto di vista tecnico, la Registrazione è l'iscrizione nel Pubblico Registro dei Marchi della proprietà di un segno distintivo. Tale iscrizione conferisce a chi ne è titolare il diritto di **utilizzare in esclusiva** quel segno che, dal momento del perfezionamento dell'iscrizione, diviene un "Marchio Registrato".

Essere titolare del diritto all'utilizzo esclusivo di un segno distintivo è un potere formidabile, giacché comporta che nessuno può utilizzare quel segno, o ogni sua potenziale variante, all'infuori del titolare.

Dato lo straordinario potere conferito al titolare di una registrazione, la legge si premura da un lato di fissare in modo puntuale i requisiti necessari per ottenerne una e, dall'altro, di tracciare con precisione gli stringenti confini entro cui tale potere può venire esercitato.

Per quanto riguarda **i requisiti richiesti dalla legge** essi si distinguono in due tipologie:

1. **Soggettivi**;
2. **Oggettivi**.

Mentre per quel che riguarda i limiti entro cui è esercitabile il potere derivante dalla titolarità di un segno distintivo registrato, essi sono distinti in tre diversi gruppi:

1. **Territoriali;**
2. **Merceologici;**
3. **Temporali.**

Su questi ultimi torneremo in argomento nel corso del presente capitolo, per il momento ci concentreremo sulla trattazione dei requisiti Soggettivi ed Oggettivi.

# I Requisiti Necessari per Avere un Marchio Registrato

La legge indica con precisione quali sono i requisiti necessari per ottenere la registrazione di un marchio e, nel farlo, compie una netta distinzione tra quelli che sono **i requisiti che deve avere il titolare,** detti requisiti soggettivi, e **i requisiti che deve presentare il segno distintivo in sé**, detti requisiti oggettivi.

Analizziamo separatamente le due tipologie di requisiti.

### Soggettivi: Chi Può Registrare

In questo paragrafo analizzeremo la risposta che la legge dà alla domanda: **chi può Registrare un Marchio?**

**Chiunque può farlo e non serve la Partita Iva per registrare**, per la legge non fa alcuna differenza che titolare sia una Persona Fisica (un essere umano) oppure Giuridica (un ente, una società o un comitato).

In effetti l'unico requisito soggettivo per essere titolare di un Marchio Registrato è:

- **Esistenza**: il titolare del Marchio deve esistere, se si tratta di una persona fisica deve essere in vita mentre per le persone giuridiche è necessario che non siano cessate.

Tieni presente che un segno distintivo può appartenere a più soggetti contemporaneamente, i quali vengono definiti "Contitolari del Marchio" e dovranno prestare particolare attenzione a regolamentare i loro rapporti interni.

**Attenzione**: una volta perfezionata l'iscrizione nel pubblico registro, **il Marchio deve essere utilizzato in commercio entro 5 anni da quella data**, in caso contrario la registrazione decade per non uso.

## Oggettivi: Cosa Può Essere Registrato

Il Marchio che intendi Registrare **deve necessariamente presentare determinati requisiti**, stabiliti dalla legge ed individuati dall'articolo 13 del codice della Proprietà Industriale.

**In assenza di anche solo uno** di essi, l'Ufficio Marchi rigetterà la tua domanda di Registrazione del Marchio ritenendola inammissibile, il tutto senza però restituirti quanto avrai già versato in tasse ed oneri.

I requisiti oggettivi che ogni Marchio deve perentoriamente presentare sono:

1. **Novità**: il segno non deve essere uguale né confondibile con altri già registrati, divenuti di uso comune o utilizzati nel linguaggio corrente e negli usi diffusi nel commercio.
2. **Capacità Distintiva**: esso non può essere un banale riferimento al prodotto o servizio commercializzato, né può essere un mero riferimento alla sua natura e caratteristiche.
3. **Liceità**: il Marchio non può essere in contrasto con morale ed ordine pubblico né deve ingannare il pubblico circa origine, proprietà, composizione ed utilizzo del prodotto.
4. **Rappresentabilità Grafica**: deve essere graficamente rappresentabile, questo requisito è di particolare importanza per i "Marchi non convenzionali" come un suono, un odore o un colore.

## Novità - l'Importanza di Arrivare per Primi

Il primo e principale dei requisiti oggettivi è quello della **novità** che sostanzialmente significa che il segno di cui si intende richiedere la Registrazione non può essere identico né in alcun modo simile o confondibile ad uno già esistente.

I due motivi dietro questa precisa norma sono evidenti:

1. **Impedire** a chiunque di fare concorrenza sleale registrando un Marchio del tutto identico a quello già utilizzato da altri;
2. **Evitare** il furto di clientela attraverso la confusione che Marchi molto simili creerebbero nel pubblico.

Ovviamente non sempre chi deposita una domanda per registrare un Marchio già utilizzato da altri lo fa in malafede, anzi molto spesso non si ha alcuna consapevolezza del fatto che qualcun altro ne è già titolare, ma ciò non giustifica il comportamento.

**La legge non distingue tra buona e cattiva fede** di chi tenti di depositare un Marchio identico o simile ad uno già registrato, e riconosce al titolare di quest'ultimo sia il potere di fare opposizione, che di adire il Tribunale e chiedere la nullità del nuovo Marchio.

Esiste un solo modo per sincerarti che non esista già un Marchio identico o simile a quello che intendi depositare e sottrarti al rischio di ricevere una opposizione o addirittura una causa per la nullità della registrazione e risarcimento danni: **effettua una Ricerca di Anteriorità**.

Vedremo meglio in seguito cos'è e come si sostanzia questa complessa attività, per ora ti basti sapere che senza svolgerne una valida ed approfondita corri seriamente il rischio di ritrovarti in grossi guai economici dopo aver depositato la tua domanda di deposito del Marchio!

## Capacità Distintiva - Allontanarsi dalla Banalità

Assunto che **un Marchio Registrato deve avere carattere distintivo** è opportuno chiarire cosa si debba intendere con questa dicitura.

Per farlo riteniamo sia il caso di partire analizzando la norma contenuta nel **Decreto Legislativo n°30 del 10.02.2005** – anche detto **Codice della Proprietà Industriale** – che all'articolo 7 prescrive che ogni segno distintivo deve poter *"distinguere i prodotti o i servizi di un'impresa da quelli di altre imprese"*.

Analizzando quanto sopra possiamo dire che un Marchio è dotato di carattere distintivo quando consente ai consumatori di identificare in modo chiaro ed univoco che i prodotti o i servizi da esso contraddistinti provengono dal suo titolare, senza ingenerare confusioni di alcun tipo.

Da quanto sopra deriva che quando parliamo di carattere distintivo, in realtà ci riferiamo a due sfaccettature ben diverse in cui esso si sostanzia:

1. il Marchio che si intende registrare non può essere eccessivamente simile ad altri già notori;
2. Un segno distintivo da registrare non può essere la semplice descrizione del prodotto o servizio che deve contraddistinguere.

Dal momento che il primo aspetto è facilmente intuibile e comprensibile, concentriamoci sul secondo che, di fatto, non risulta di immediata comprensione.

Partiamo da una constatazione: avrai notato che non esistono in commercio dei Marchi composti dal solo nome del prodotto che contraddistinguono come ad esempio "scarpe", ciò perché **è vietato registrare dei nomi semplicemente "descrittivi"**.

Tale divieto nasce dal fatto che, se fosse consentito depositare la parola "scarpe", si impedirebbe ad ogni altro produttore o commerciante di scarpe di utilizzare sul mercato tale parola, creando di fatto un monopolio con conseguente distruzione del libero mercato.

Proprio per tale ragione gli Uffici dei Marchi sono molto attenti a sorvegliare su questo aspetto e non basta aggiungere una piccola variante ad un nome descrittivo per superare tale rigido divieto, per questo non è possibile tutelare neanche nomi quali "scarpe comode" o "scarpe rosse".

Ovviamente questo divieto si applica anche nel caso di Marchi Figurativi, cioè composti da icone/disegni: non è possibile registrare il disegno o l'immagine del prodotto che si intende contraddistinguere (come il disegno di un cono gelato per indicare una gelateria).

Sempre al fine di impedire a chiunque di creare un monopolio, è fatto divieto di appropriarsi di un simbolo tipico dello specifico settore in cui si opera come, per esempio, il sacco di denaro tipico del settore finanziario o lo stetoscopio tipico del settore della diagnostica medica.

**Attenzione**: se manca il Carattere Distintivo il deposito non è valido né efficace, e gli Uffici competenti, pur trattenendo quanto pagato in tasse, non procederanno alla registrazione a prescindere che si tratti di un Marchio Convenzionale o un Marchio Non Convenzionale.

Pertanto, se stai pensando di tutelare un Marchio assicurati che esso sia dotato di sufficiente Carattere Distintivo, per farlo devi rivolgerti a esperti di questa complessa materia per una consulenza preventiva.

## Liceità - Evitare l'Autosabotaggio

Altro elemento oggettivo richiesto per poter depositare un segno distintivo è quello della liceità che, molto semplicemente, significa che esso non deve essere contrario alla legge, istigare alla violenza, al crimine, all'odio né essere contrario alla decenza o alla morale.

## Rappresentabilità Grafica - la Grande Insidia

L'ultimo degli elementi oggettivi richiesti per un deposito è quello della rappresentabilità grafica che, per anni, ha rappresentato un serio ostacolo alla possibilità di registrare dei segni distintivi atipici oggi noti come Marchi non Convenzionali.

La legge e la giurisprudenza hanno entrambi compiuto dei significativi passi avanti rispetto alla originaria interpretazione, particolarmente stringente, di questo requisito ampliandone le maglie al punto da rendere registrabili anche dei segni distintivi peculiari come gli odori ed i suoni.

## Salvati dalla Registrazione al Buio: gli Accorgimenti Necessari

Sicuramente alla luce di tutti i vantaggi che abbiamo elencato, quella mezza idea di tutelare il tuo Marchio che ti girava in testa, si è trasformata nella certezza di volerlo fare quanto prima, vero? Attenzione però: Depositare un Marchio senza i necessari accorgimenti può portarti diversi problemi!

I rischi di procedere senza la guida di esperti sono molteplici e di varia natura, alcuni dei quali li abbiamo già analizzati, ma può anche succedere che in totale buona fede tu stia tentando di depositare un segno distintivo che è già di proprietà di altri, in questo caso è molto probabile che riceverai una opposizione.

Se non sai cos'è una **opposizione alla registrazione** ti raccomandiamo la lettura del nostro approfondimento sull'argomento nel capitolo 4, in questa sede ti basti sapere che si tratta di un giudizio contro la tua domanda di deposito, in cui dovrai difenderti con l'aiuto di avvocati specializzati.

Ecco quindi un breve elenco degli accorgimenti minimi e strettamente necessari che devi sempre porre in essere prima di arrischiare una registrazione improvvisata e non ben pianificata, che sicuramente ti porterà a subire spiacevoli conseguenze:

1. Effettuare una Ricerca di Anteriorità;
2. Rivendicare la Priorità.

## Ricerca di Anteriorità: Evita il Deposito di un Marchio già Registrato

Sai come vedere se un Marchio è Registrato effettuando un controllo presso la banca dati dell'UIBM? Effettuare una Verifica Marchi Registrati corretta ed approfondita ti salverà dall'utilizzare, senza saperlo, un marchio già di proprietà altrui o, peggio ancora, dal tentare di depositarlo come tuo!

Se ti dicessimo che il rischio maggiore che si corre quando si deposita un logo è quello di ritrovarsi, inconsapevolmente, a presentare una domanda per un marchio simile o addirittura identico ad uno già registrato, sapresti come disinnescare il concreto pericolo di ricevere un'opposizione alla registrazione?

In questo articolo troverai tutte le informazioni necessarie per effettuare nel miglior modo possibile la tua Ricerca di Anteriorità da effettuarsi necessariamente prima di procedere al deposito, e potrai anche beneficiare dei consigli offerti da professionisti esperti nella verifica marchi registrati!

## Che Cos'è ed a Cosa Serve

La Ricerca Disponibilità Marchio (o di Anteriorità) rappresenta senza dubbio un momento fondamentale dell'iter di registrazione di un nuovo Marchio, da effettuarsi prima di depositare la domanda di registrazione presso l'Ufficio Italiano Brevetti e Marchi.

Essa consiste in una ricerca volta ad accertare che non esista già nessun marchio potenzialmente pericoloso per quello da depositare, in poche parole si tratta di verificare la disponibilità del Marchio da registrare cioè, controllare che **non esista un anteriore diritto al suo utilizzo esclusivo** in capo ad altri.

Per avere attendibilità la ricerca deve essere svolta come presso:

1. Banche dati sui marchi;
2. Il registro delle imprese;
3. Le disponibilità dei nomi a dominio;

Una ricerca valida deve abbattere i potenziali rischi di ritrovarsi senza marchio (o peggio!) e non può limitarsi ad un semplice controllo effettuabile gratuitamente online da chiunque, per questo devi affidare la sicurezza del tuo Marchio a consulenti proprietà intellettuale di comprovata esperienza.

## Perché è Necessario Effettuarla

Effettuare un'approfondita ricerca di questo genere **è l'unico modo di accertare la disponibilità del marchio che intendiamo registrare** ed essere certi di non essere in procinto di depositare, senza neanche saperlo, una domanda di registrazione per un marchio che è già di proprietà di altri, con tutti i conseguenti problemi.

Quando parliamo di accertare la disponibilità di un segno distintivo, intendiamo che va controllato non solo che non esistano dei **Marchi Uguali** ad esso ma, soprattutto, che non sia già in circolazione un **Marchio Simile** ad esso, circostanza ben più pericolosa ed insidiosa.

Generalmente, infatti, si pensa che il punto focale sia accertarsi soltanto dell'assenza di un Marchio identico a quello da depositare, mentre in realtà è altrettanto importante assicurarsi dell'inesistenza di marchi simili al punto da indurre i titolari a ritenere concreto ed attuale il rischio che la clientela possa confondersi.

Sostanzialmente chi è titolare di un Marchio in conflitto con quello che vuoi registrare, può presentare opposizione contro la tua domanda di registrazione e vincerla, ed a quel punto tu non solo non otterrai il deposito ma avrai sprecato tutti i soldi spesi nella registrazione.

**Attenzione**: come vedremo in seguito, sottovalutare l'importanza di effettuare un'adeguata ricerca di anteriorità potrebbe avere conseguenze anche ben più gravi, serie e dispendiose del non ottenere il deposito e perdere i soldi spesi per la pratica!

**Vantaggi di Verificare il Marchio**

Il Principale vantaggio di effettuare una preventiva ricerca in merito alla disponibilità del segno distintivo è quello di poter evitare una registrazione "al buio" che equivale a guidare a fari spenti nella notte: **può andarti bene, ma il rischio che corri è davvero troppo alto**.

Considera che **6 volte su 10** registrare un marchio senza fare il preliminare controllo di disponibilità comporta successivamente dei grossi problemi, che avrebbero potuti essere evitati grazie ad una preventiva consulenza di esperti in proprietà industriale.

La convenienza di effettuare tutti i necessari controlli prima di tentare il deposito della domanda di registrazione ti è ormai sicuramente chiaro, quindi ora lascia che ti spieghiamo perché affidarne lo svolgimento a dei professionisti ti conviene anche quando la ricerca restituisce esiti negativi!

## Strategie di Registrazione

Come ti abbiamo spiegato nel capitolo relativo alla registrazione del marchio, da un lato è possibile tutelare i propri segni distintivi solo limitatamente a determinati territori e classi merceologiche e, dall'altro, esistono svariate tipologie di registrazione sia convenzionali che non convenzionali.

Ebbene, se svolgere una buona analisi preventiva equivale ad accendere la luce in una stanza buia per aver modo di orientarsi e attraversarla in modo sicuro, farsi seguire da consulenti in proprietà industriale equivale a poter scegliere di cambiare stanza, optando per un percorso più breve, conveniente e sicuro!

Dei professionisti esperti, infatti, non solo saranno in grado di indicarti i potenziali pericoli che ad un occhio inesperto sfuggirebbero (li vedremo in prosieguo), ma potranno anche guidarti nell'apportare al tuo marchio tutti gli accorgimenti e correttivi necessari a renderlo inattaccabile!

Quali ad esempio:

- Rivalutare le classi da rivendicare;
- Identificare singoli prodotti o servizi all'interno di una classe, escludendone altri;
- Scegliere una diversa tipologia di registrazione;

- Intavolare trattative preventive con i titolari di marchi potenzialmente pericolosi.

Questi sono solo alcuni dei motivi per cui ti conviene sempre affidarti a dei professionisti e ricorda che: prevenire è sempre meglio che curare!

## I Rischi di Non Controllare Se un Marchio è Già Registrato

L'elenco dei problemi cui puoi andare incontro se decidi di depositare un segno distintivo "al buio" è lungo, variegato e corposo, pertanto riteniamo sia opportuno procedere con una breve analisi dei rischi maggiori e più gravi:

- **Incappare in una Procedura di Opposizione.** La prima delle possibili conseguenze negative è quella di vederti presentare una opposizione alla registrazione da parte del titolare del marchio anteriore che, in caso di tua sconfitta, ti costringerà a rinunciare alla registrazione senza che nessuno ti rimborsi tutti i soldi spesi.
- **Ricevere una Causa per Nullità del Marchio.** Anche se hai ottenuto la registrazione perché nessuno vi si è opposto nei brevi tempi fissati dalla legge, chi è titolare di un marchio anteriore può sempre chiedere ed ottenere la declaratoria di nullità della tua registrazione,

sempre senza alcun rimborso dei soldi spesi, ma con in più l'aggiunta delle spese di avvocato (tuo e suo).

- **Patire Azioni legali per il sequestro e la distruzione della merce.** Chi è titolare di un marchio simile o identico al tuo ma registrato antecedentemente ad esso, può sempre ottenere dal Tribunale il sequestro e/o la distruzione, a tue spese, della tua merce recante il "suo" marchio. In questo caso oltre al (grosso) danno, la beffa: per la legge avrai compiuto a tutti gli effetti una contraffazione.
- **Buscare Diffide all'utilizzo del segno sia nel marketing che su internet.** In qualunque momento ti potrebbe venire inibito dal Tribunale l'uso del tuo stesso marchio, cosa che vanificherà tutti gli investimenti fatti fino a quel momento in etichette, marketing, siti internet, insegne e pubblicità!
- **Subire Richieste di risarcimento danni.** In aggiunta ad ognuna delle spiacevolissime eventualità elencate fin qui, potresti sempre e comunque subire una condanna a risarcire tutti gli eventuali danni causati dal tuo "marchio contraffatto".

## Come Funziona La Verifica di Disponibilità del Marchio

Ormai hai capito **quanto è importante verificare se un Marchio è già registrato** e, quindi, controllare nel database marchi registrati che non ne esista già uno identico né vi sia un Marchio simile a quello da depositare, ed esiste un solo modo per controllare se un marchio è registrato: la Ricerca di Anteriorità.

Per effettuarla hai quattro possibilità:

1. Effettuarla personalmente;
2. Rivolgerti al personale della Camera di Commercio;
3. Acquistare pacchetti "verifica e registrazione tutto in uno";
4. Affidarti a dei professionisti del settore.

**Effettuare Personalmente la Verifica**

Se decidi di occupartene personalmente, devi consultare la banca dati marchi registrati dell'Ufficio Marchi competente per il territorio nel quale intendi depositare il tuo segno distintivo, scandagliando non solo nella classe merceologica in cui operi, ma anche in tutte quelle affini.

Ovviamente nel caso tu voglia tutelarti in un territorio diverso da quello italiano la consultazione dovrà estendersi ai Marchi Registrati nei Paesi in cui intendi esportare i tuoi prodotti o fornire i tuoi servizi.

Puoi effettuare i controlli nella banca dati WIPO – World Intellectual Property Organization direttamente sul sito dell'UIBM grazie allo strumento denominato TMview.

In ogni caso sappi che una ricerca anteriorità "fai da te" ha sostanzialmente lo stesso valore di una "autodiagnosi" che ti fai dopo aver cercato su internet i sintomi che avverti e, proprio come in quel caso, lo fai a tuo totale rischio e pericolo perché un errore può costarti molto caro!

### Svolgere la Ricerca Rivolgendosi al Personale della CCIAA

Se scegli di rivolgerti al personale della Camera di Commercio per scoprire se un marchio è registrato devi prima sincerarti che l'Ufficio ove ti recherai personalmente offre questo servizio, quindi metterti in lista d'attesa per il consulto ed infine indirizzare l'operatore durante tutte le operazioni di ricerca.

**Attenzione:** il personale della CCIAA svolgerà esattamente le medesime verifiche tra i brand registrati che potresti svolgere tu con lo strumento TMview e nulla più di queste.

### Affidarsi a Professionisti del Settore

La miglior soluzione per verificare se un marchio è già registrato è affidarti a professionisti del settore, che sono in grado di svolgere tutti i necessari controlli a regola d'arte, sfruttando i mezzi e le conoscenze di cui sono in possesso.

Ovviamente nella pratica è raro che ci si trovi per pura coincidenza a richiedere tutela per un Marchio identico ad uno che è già di proprietà di altri, mentre invece è molto diffuso il caso in cui il nuovo Marchio sia simile ad uno già presente nel registro, magari variando solo di uno o due caratteri.

Su scala globale sono all'ordine del giorno i giudizi di opposizione in merito a Marchi troppo Simili tra loro, essendo invece piuttosto rari (e anche molto rapidi nel venire giudicati) i casi relativi a Marchi Identici.

L'unico modo per mettersi al riparo dal rischio di opposizione è ripetere i controlli per ogni singolo carattere che compone il Marchio da depositare, moltiplicato per le lettere dell'alfabeto utilizzato per la creazione del nome da depositare, con l'aggiunta di tutti i numeri da 0 a 9 se il Marchio ne contiene uno.
Se ti sembra un compito titanico e molto insidioso è perché lo è davvero!

Fin da subito noi di **tutelamarchionline.it** abbiamo voluto abbattere drasticamente, per i nostri clienti, il rischio di ricevere opposizioni, e farlo con la consapevolezza di aver preso in debita considerazione tutti i marchi potenzialmente pericolosi per quello affidatoci.

Proprio per questo scopo abbiamo ideato e realizzato l'esclusivo ed innovativo sistema ™**Rating** grazie al quale siamo in grado di attribuire al tuo Marchio un punteggio che ti renderà immediatamente comprensibile quali e quanti rischi corri a depositare quel segno, così potrai scegliere come agire prima che sia tardi.

**Attenzione**: l'unico scopo di questa ricerca è quello di farti prendere contezza dei rischi di potenziali contestazioni che il tuo segno correrebbe se venisse depositato così com'è, e non quello di assicurarti che non verrà contestato, perché **non esiste un marchio che presenti zero probabilità di contestazione**.

Ecco perché la scelta migliore per tutelare il tuo marchio è sempre quella di affidarti a professionisti esperti della materia che sanno come districarsi in ricerche complesse e che non si limitano a controllare il tuo segno distintivo "tra i marchi" ma che svolgono ricerche ben più approfondite.

Optare per il "fai da te" o per i "controlli gratuiti" porta a prendere delle scelte errate ed a innescare problemi che avresti potuto essere evitare facilmente con dei piccoli accorgimenti, se solo avessi saputo come approntarli prima che fosse troppo tardi.

## I Tipi di Verifiche di Disponibilità del Marchio

Una buona indagine di anteriorità, se svolta da consulenti esperti in proprietà industriale, deve prendere in esame due elementi fondamentali del segno distintivo analizzato:

- Aspetto **denominativo** (la parola "Nike" del famoso brand sportivo);
- Elemento **figurativo** (il ben noto "baffo" o "swoosh" di Nike).

Come abbiamo già chiarito in precedenza, poi, la verifica di disponibilità dovrà essere condotta alla ricerca sia di **marchi identici** che di **marchi simili** a quello da registrare.

Analizziamo le diverse fattispecie:

## Il Controllo di Esistenza Marchi Identici

Si tratta del controllo più semplice e di immediata comprensione: vengono scandagliati le banche dati dei marchi registrati alla ricerca di brand depositati che siano del tutto identici a quello oggetto di indagine, seguendo l'esempio di prima, diciamo che si cercano loghi contenenti la parola "Nike".

## La Verifica di Esistenza di Marchi Simili

Si tratta senza dubbio dell'indagine più complicata da svolgere e, per i non addetti ai lavori, anche della più complessa da comprendere.

In questa tipologia di analisi devono essere passati al setaccio tutti i segni astrattamente idonei a rappresentare un problema per quello oggetto di indagine, e che potrebbero presentare una opposizione alla sua registrazione o avviare una causa per nullità della registrazione.

Andranno analizzati tutti i brand che, rispetto a quello da verificare, siano **"sufficientemente simili" da indurre in confusione il pubblico** o comunque rischiare potenzialmente di farlo e, in tal modo, sottrarre indebitamente la clientela altrui.

Con la locuzione "sufficientemente simili" si intendono tutti quei marchi che, comparati con il segno oggetto di verifica, **mostrano una di queste tre caratteristiche** cui, per chiarezza, aggiungiamo accanto un esempio esplicativo:

1. **Assonanza Fonetica**: "NIKE" e "NAICH";
2. **Somiglianza Visiva**: "1010" e "IOIO";
3. **Affinità Concettuale**: "NIKE" e "VITTORIA".

Tieni presente che, soprattutto per quanto riguarda gli aspetti visivo e fonetico, è facile che si verifichino contestazioni che i non addetti ai lavori difficilmente avrebbero potuto immaginare come, ad esempio: **"ISOLYMPIA"** e **"Mr. OLYMPIA"** che è proprio un caso di cui ci è capitato di occuparci in passato.

Come avrai capito da quest'ultimo esempio, non bastano delle differenze di tipo grafico né la variazione di poche lettere a rendere due marchi diversi dal punto di vista giuridico, ed il rischio di incorrere in problemi è sempre dietro l'angolo!

Considera che quando le differenze tra due segni distintivi sono poche o superficiali gli esaminatori tendono a dare ragione ai titolari del marchio anteriore ed a negare la nuova registrazione.

L'unico modo per abbattere drasticamente questo rischio è giocare d'anticipo e far effettuare ad un professionista un'accurata indagine di anteriorità quando ancora sei in tempo a modificare il Marchio se non addirittura ad abbandonarlo in favore di un altro completamente diverso.

**La Ricerca per Immagini**

Come suggerisce chiaramente anche il nome, si tratta di una ricerca svolta comparando dal punto di vista figurativo il marchio da verificare con tutti quelli già registrati, in cerca di somiglianze più o meno evidenti.

Anche questa tipologia di indagine, però, non va sottovalutata e va sempre essere affidata a degli esperti, perché molte "somiglianze visive" sfuggirebbero all'occhio del non addetto ai lavori, non abituato a ragionare in termini di "attitudine allo sviamento di clientela".

**Tarare la Ricerca in Base alle Concrete Esigenze**

Come sai grazie a questa nostra guida, la registrazione incontra dei limiti di estensione territoriale (Italia, UE, internazionale) e merceologici (classi di Nizza) che vanno selezionati e rivendicati in armonia con le esigenze odierne e future del brand, e alla strategia di registrazione messa a punto con un consulente.

Quando si parla di registrare un marchio l'importanza di una preventiva pianificazione strategica è talmente fondamentale da esser necessario metterla a punto con l'aiuto e la supervisione di avvocati esperti in diritto della proprietà intellettuale che siano anche consulenti in materia di marchi.

Ti abbiamo fatto questo breve rimando per chiarire che anche le verifiche di anteriorità possono e devono essere svolte tenendo presente la **strategia di registrazione** che hai in mente, sia in termini territoriali che merceologici.

Infatti è del tutto inutile passare al setaccio il registro marchi spagnolo se la tua intenzione è quella di registrarti solo in Italia e Francia (e non in tutta la UE), così come è sciocco cercare somiglianze tra i marchi registrati in categorie di Nizza diverse da quelle in cui intendi operare o ad esse affini.

**Attenzione**: se da un lato è vero che la ricerca può venire circoscritta alle sole classi e territori nei quali ti interessa tutelare il tuo Marchio è altrettanto vero che senza il supporto di esperti non hai contezza di quali siano le "categorie affini" né quali siano i "territori confliggenti".

Premesso quanto sopra, analizziamo separatamente le due diverse fattispecie:

**La Verifica Territoriale**

Questa indagine prende in esame tutti i pubblici registri dei marchi che sono coinvolti direttamente o indirettamente dalla registrazione che intendi fare, essa va svolta prestando attenzione alle normative Comunitarie ed ai trattati internazionali sul commercio.

## Il Controllo Merceologico

Una ricerca che scandaglia le classi merceologiche coinvolte nella registrazione da compiere oltre a quelle ad esse "affini" per contenuto o tipologia e, all'interno di ognuna di queste classi, passa al setaccio eventuali limitazioni e/o speciali rivendicazioni compiute dalle registrazioni preesistenti.

## La Ricerca Extra Banca Dati

Per comprendere appieno la necessità di estendere le indagini anche al di fuori dei registri dei Marchi è imprescindibile sapere che l'articolo 22 del Codice di Proprietà Industriale istituisce quello che viene chiamato "**principio di unitarietà dei segni distintivi**".

In base a questo principio, qualunque segno identificativo utilizzato sul mercato in modo pacifico, pubblico e continuativo ha diritto a ricevere piena tutela quanto e come un marchio registrato, ci riferiamo a segni quali:

- Il nome a dominio;
- La ragione sociale di un'impresa;
- L'insegna.

Tra questi i nomi a dominio rivestono un ruolo predominante sia perché oggigiorno il web rappresenta il primario mezzo di promozione pubblicitaria, sia perché esso, per sua stessa natura, non conosce alcun limite territoriale, infatti un cliente può fare acquisti sul tuo sito da qualunque paese al mondo.

Considera che **chi è proprietario di un nome a dominio identico o simile al tuo marchio**, che lo abbia acquistato precedentemente alla tua registrazione, ha pieno diritto di farti causa per ottenere la nullità della tua registrazione ed a chiederti un risarcimento danni!

A questo punto, ti sarà sicuramente chiara la straordinaria importanza di estendere le opportune ricerche anche al di fuori dello specifico settore dei marchi, e perché solo dei professionisti esperti in proprietà industriale ed intellettuale possono svolgere nel modo giusto tale compito.

**Quando Effettuare una Verifica**

Chiariamo subito un concetto: il modo corretto di operare, idealmente, è quello di effettuare una approfondita e completa ricerca di anteriorità al principio della propria attività imprenditoriale, prima ancora di costituire una società o di mettersi sul mercato.

Solo in questo modo, infatti, è possibile essere ragionevolmente sicuri di non stare inconsapevolmente attuando una vera e propria contraffazione del Marchio, violando il diritto altrui all'uso esclusivo di quello specifico segno distintivo.

Dunque *"quando fare un controllo di anteriorità?"*: il prima possibile, la più approfondita possibile e assolutamente svolta da professionisti del settore!

**Attenzione**: magari stai già utilizzando da tempo il tuo marchio, e pensi che una ricerca di questo tipo non ti serva, ma sappi che solo attraverso l'analisi del tuo Marchio svolta da esperti in questa materia puoi prendere contezza di quei rischi che oggi non sei in grado di vedere!

**Se la Ricerca Evidenzia l'Esistenza di Marchi Simili**
Hai svolto un'indagine ed hai scoperto che esistono già dei segni simili o identici a quello che intendevi registrare e vuoi sapere come procedere? La verità è che non esiste una sola risposta corretta a questa domanda, ma pianificare una valida strategia di registrazione può aiutarti a compiere il prossimo passo.

I giusti consulenti legali in diritto della proprietà industriale possono guidarti nel percorso per ridurre al minimo ogni potenziale rischio prima di tentare la registrazione, andando a porre in essere tutti i correttivi e gli accorgimenti necessari a disinnescare il pericolo!

Sappi che quello di cui hai bisogno è un lavoro "sartoriale" perché i consulenti dovranno letteralmente cucire la tua Brand Identity come fosse un vestito fatto su misura alla tua impresa, apportando tutte le modifiche necessarie per farlo calzare a pennello ed evitare spiacevoli imprevisti e costosi rammendi!

Gli stessi consulenti possono tutelare il tuo Brand anche dopo che avrai ottenuto la registrazione, fornendoti un servizio di vigilanza volto a controllare che nessuno tenti mai di registrare un marchio potenzialmente pericoloso per il tuo business.

## Rivendicazione di Priorità: Sconfiggi i "Vampiri di Marchi"

Un grave errore molto diffuso tra i non esperti della materia è quello di ritenere che se un Marchio è stato registrato in Italia, esso sia automaticamente tutelato all'interno di altri Stati o, quantomeno, all'interno del territorio dell'Unione Europea.

Sfortunatamente la disciplina giuridica non opera affatto in modo automatico ed immediato, ed anzi richiede che il Titolare di un Marchio si adoperi attivamente per estendere i propri poteri al di fuori dell'Italia, dimostrando in tal modo di avere un concreto interesse in tal senso.

Semplifichiamo con un esempio: nel gennaio 2021 hai depositato il tuo Marchio in Italia, le cose sono andate bene ed ora ti stai preparando ad esportare i tuoi prodotti in Francia ma, ovviamente, prima di farlo intendi tutelare il tuo Brand anche nel territorio di quello Stato.

La tua registrazione italiana non impedisce ad un tuo concorrente francese che intenda "Vampirizzare il tuo Marchio" di depositare il tuo medesimo segno distintivo presso l'Ufficio del Marchi francese, anzi se tu dovessi commettere l'incoscienza di far arrivare i tuoi prodotti sul mercato d'oltralpe, lui potrebbe chiederne ed ottenerne il sequestro.

Per ovviare a questo problema e tutelare il tuo business che cresce e si espande puoi, invocando la Priorità, depositare il tuo Marchio anche in Francia ma retrodatando la registrazione francese alla data in cui l'hai effettuata in Italia.

Se sei titolare di un Marchio registrato in uno Stato firmatario degli accordi internazionali sul commercio, ti è consentito tutelare quel medesimo segno in ogni altro Stato firmatario invocando la Priorità per ottenere che tutte i depositi successivi vengano retrodatati al primo ed originario.

Superfluo dire che questo straordinario potere ha un effetto dirompente sul mercato, perché di fatto impedisce a chiunque di danneggiare o rallentare l'espansione del tuo business, che si potrà allargare oltre i confini nazionali in modo naturale, costante ed armonico.

**Attenzione**: trattandosi di un potere così forte, viene circoscritto dalla legge che infatti da un lato impone un costo aggiuntivo da versare al momento di ogni deposito in cui viene invocata la Priorità e, dall'altro, fissa il limite di 6 mesi dal momento di presentazione della domanda per esercitare questo potere.

Se ti sembra complicato è perché lo è per davvero, per questo sconsigliamo assolutamente di rischiare con il "fai da te", soprattutto se vi sono annesse ricerche di anteriorità o invocazione della priorità per le quali devi sempre rivolgerti ad esperti della materia.

## Quanto Costa Davvero Registrare un Marchio

Gli Uffici dei Marchi pretendono il pagamento anticipato di tutti gli importi dovuti in Tasse e Bolli prima di processare la tua domanda ed avviare l'iter necessario, tali costi sono dovuti in misura fissa e proporzionata al territorio di riferimento ed al numero di classi merceologiche rivendicate.

Per facilitare l'esposizione analizzeremo i costi di registrazione in funzione dell'aspetto territoriale, distinguendo tra Marchio Italiano, Marchio Europeo e Marchio Internazionale.

### Registrare un Marchio Italiano

Per depositare un Marchio presso l'Ufficio Italiano Brevetti e Marchi o U.I.B.M. è richiesto un versamento differente a seconda della modalità di registrazione.

### Se la Effettui Recandoti Fisicamente Presso l'UIBM:

- 16,00 € per una Marca da Bollo;
- 40,00 € per diritti di segreteria nel caso la domanda venga depositata tramite raccomandata a/r;
- 101,00 € tramite F24 per rivendicare una classe;
- 34,00 € per ogni classe aggiuntiva che intendi rivendicare.

### Se la Trasmetti Attraverso la CCIAA:

- 16,00 € per una Marca da Bollo;

- 40,00 € per i diritti di segreteria dovuti alla Camera di Commercio;
- Se chiedi copia autentica del verbale di deposito i diritti aumentano a 43,00 € + ulteriore marca da 16 € da applicare sulla copia autentica del verbale;
- 101,00 € tramite F24 per rivendicare una classe;
- 34,00 € per ogni classe aggiuntiva che intendi rivendicare.

**Se la Depositi Telematicamente:**

- 42,00 € per una Marca da Bollo;
- 101,00 € tramite F24 per selezionare la prima classe;
- 34,00 € per ogni classe rivendicata oltre la prima.

## Registrare un Marchio Europeo

I costi per ottenere un Marchio Unione Europea o MUE possono sembrare elevati rispetto a quelli richiesti per uno nazionale, ma va considerato che con un solo deposito si viene automaticamente tutelati in tutti gli Stati membri dell'Unione Europea presenti e futuri.

**Il Costo Richiesto per un MUE:**

- 850,00 € per la registrazione in un'unica classe;
- 50,00 € per rivendicare una seconda classe merceologica;
- 150,00 € per ogni ulteriore classe dalla terza in poi.

## Registrare un Marchio Internazionale

Quando si parla di Marchio internazionale va chiarito subito che esistono due situazioni giuridiche molto diverse tra loro, da un lato abbiamo gli Stati firmatari dell'Accordo e/o del Protocollo di Madrid, dall'altra abbiamo gli Stati che si sono rifiutati di firmare detti trattati.

Il primo gruppo di Stati è organizzato all'interno della *World Intellectual Property Organization o W.I.P.O.* con sede a Ginevra, che ha predisposto dei accordi sovranazionali per armonizzare le discipline giuridiche a tutela della proprietà intellettuale ed i relativi costi tra tutti gli Stati membri.

Pertanto se intendi tutelare il tuo Brand all'interno del territorio di uno Stato membro della WIPO e/o dell'Organizzazione Mondiale per il Commercio, quale ad esempio gli U.S.A., è fondamentale fare riferimento alle specifiche e complesse linee guida rinvenibili sui siti dei vari Uffici Marchi.

Nel caso invece del secondo gruppo di Stati, non firmatari di alcun trattato internazionale, è possibile effettuare un deposito solo attraverso i canali ufficiali di quello specifico Paese, svolgendo le procedure ivi organizzate e nella lingua di quello Stato.

Alla luce di quanto ti abbiamo detto, capisci che è impossibile rispondere in questa sede alla domanda *"quanto costa un marchio internazionale"* variando la risposta a seconda di quali e quanti Stati esteri e non appartenenti alla UE intendi tutelare il tuo Brand.

Cosa devi fare se intendi registrarti in uno di questi Paesi? O ti informi direttamente presso l'Ufficio Marchi di quello Stato, oppure ti affidi alla consulenza offerta da professionisti esperti di questo settore con molti anni di esperienza.

## Analisi Costi/Benefici dei Modi per Registrare il Marchio

A chi rivolgersi per Registrare un Marchio? Le possibilità sono molteplici: puoi recarti direttamente presso gli uffici preposti, puoi seguire la procedura online, rivolgerti ad agenzie di servizi o, magari, se ne può occupare anche il tuo commercialista...ma la soluzione migliore è solo una: rivolgersi a professionisti esperti in marchi!

Il motivo di questa risposta è presto spiegato: nel caso dovessi affrontare un procedimento di **opposizione alla registrazione** o, peggio, subissi una causa di nullità del Marchio, ti servirà senza dubbio l'assistenza di avvocati specializzati in marchi e brevetti ed in diritto industriale e proprietà intellettuale.

A maggior ragione ti servirà l'assistenza di un avvocato nel caso dovessi riscontrare sul mercato che qualche concorrente in affari utilizza senza autorizzazione il tuo Marchio, ti copia la merce, utilizza un segno distintivo troppo simile al tuo.

E se invece volessi beneficiare del trattamento fiscale agevolato di cui gode la Royalty sul marchio? In questo caso ti servirà un legale in grado di predisporre per te il contratto maggiormente corrispondente alle tue esigenze e di strutturare in modo legalmente inattaccabile l'operazione di pianificazione fiscale che intendi mettere su.

## Registrare Presso l'UIBM

**L'opzione impraticabile. Costi, Pro & Contro**
Se intendi recarti fisicamente dove si registra un Marchio, puoi svolgere l'intera pratica direttamente presso L'U.I.B.M. – Ufficio Italiano Brevetti e Marchi che ha sede a Roma.

Ovviamente in questo caso è fondamentale che ti informi per tempo sugli orari di apertura degli appositi sportelli, per poi recarti fisicamente sul posto ed attendere il tuo turno per la presentazione della domanda di deposito, che dovrai portare con te già interamente e correttamente compilata.

Allo stesso modo dovrai avere con te anche tutta la documentazione che è necessario allegare alla domanda e, qualora stessi agendo come rappresentate del futuro titolare della registrazione (ad esempio la tua società) dovrai avere con te anche tutti i titoli atti a dimostrare di esserne davvero rappresente.

Hai già sicuramente compreso quante e quali sono le criticità di questa soluzione e perché ti sconsigliamo caldamente di metterla in pratica ma, per chiarezza, lascia che te le indichiamo.

Innanzitutto questa soluzione è percorribile solo da chi vive a Roma, altrimenti andranno calcolati oltre ai costi di registrazione anche quelli di viaggio, che soprattutto constano in tempo sottratto al tuo business per recarti fisicamente nella Capitale.

## Il Deposito Presso la CCIAA

**Un mito da sfatare. Costi, Pro & Contro**

Per registrare un Marchio in Camera di Commercio devi recarti fisicamente presso una qualunque sede della CCIAA, ma per ragioni di opportunità è preferibile optare per quella competente per la tua provincia o della provincia ove ha sede la tua azienda.

Prima di recarti fisicamente alla CCIAA informati sugli orari di apertura e chiusura dell'Ufficio e, soprattutto circa i giorni e gli orari in cui è aperto lo sportello dedicato alle richieste di registrazione di Marchi e Brevetti, altrimenti rischi di fare un viaggio a vuoto.

Un rischio concreto, infatti, è proprio quello di recarsi presso la CCIAA solo per scoprire che lo sportello che ti interessa è fuori servizio, magari perché il personale preposto a svolgere il servizio è assente.

A patto di trovare lo sportello aperto e funzionante, richiedi tutta la modulistica necessaria alla registrazione.

Tieni presente che, una volta consegnata la documentazione compilata, non avrai alcuna possibilità di modificare quanto depositato per cui qualunque errore o qualsiasi tipo di ripensamento non saranno in alcun modo sanabili.

Tra le decisioni di fondamentale importanza da compiere durante la compilazione possiamo elencare:

- La tipologia di registrazione che si intende fare (convenzionale, non convenzionale);
- Quante e quali Classi di Nizza selezionare per il proprio Marchio;
- Come regolare, eventualmente, il disciplinare del tuo Marchio di Garanzia;
- Chi indicare come Titolare del Marchio, o se indicare più contitolari;
- Se registrare il tuo Marchio a colori o nella versione in bianco e nero.

Queste sono solo alcune delle decisioni da prendere, quindi, essendo la compilazione della modulistica particolarmente complessa, il nostro consiglio è di compilarla con tutta calma e tornare una seconda volta alla CCIAA per la consegna.

Una volta compilata la documentazione, assicurati di aver allegato anche tutti i documenti necessari.

**Attenzione:** I documenti da allegare cambiano a seconda che il futuro titolare del Marchio sia una persona fisica o una società e nel secondo caso, se a depositare la richiesta non provvede l'amministratore ma un altro soggetto, questo dovrà essere fornito di specifica procura!

Il personale della CCIAA ti comunicherà l'ammontare delle imposte che dovrai versare in base alle scelte che avrai compiuto in fase di compilazione della modulistica.

Una volta pagate le imposte dovute e consegnata tutta la documentazione opportunamente compilata e corredata da tutti gli allegati necessari, potrai consegnare il tutto allo sportello preposto della CCIAA.

A questo punto la CCIAA, senza svolgere alcun controllo in merito alla completezza della documentazione da te consegnata, provvederà a trasmetterla all'UIBM disinteressandosi di qualunque passaggio successivo, avendo concluso il proprio compito consegnando la documentazione all'UIBM.

Adesso sai come depositare un marchio alla camera di commercio e qual è il rapporto tra la camera di commercio ufficio brevetti, ma prima di decidere se davvero sia il caso di lanciarti in questa complessa procedura ti occorrono molte altre informazioni, che troverai nel prosieguo di questo capitolo.

Il costo di una registrazione effettuata attraverso lo sportello dedicato della CCIAA è pari alle sole imposte chieste dall'UIBM modulate a seconda del numero di classi merceologiche in cui si è scelto di registrare il proprio Marchio.

L'unico "vantaggio" di una registrazione marchio CCIAA effettuata senza l'ausilio di professionisti del settore è un piccolo risparmio economico, ma i costi in termini di tempo speso, complessità e rischi si centuplicano.

Vediamo insieme il perché, così che tu possa svolgere le tue valutazioni in modo informato e consapevole.

Al momento di valutare se registrare il tuo Marchio autonomamente o se farlo affidandoti a dei professionisti del settore, prova ad immaginare una bilancia con due piatti da tenere in equilibrio, e mentre nel piatto dei "pro" puoi mettere solo la voce "risparmio di denaro", in quello dei "contro" invece devi mettere:

- **Puoi registrare solo Marchi Italiani**: La CCIAA può trasmettere la documentazione da te consegnata solo all'UIBM ed a nessun altro Ufficio, per cui non potrai registrare il tuo Marchio a livello Europeo o Internazionale;
- **Non riceverai alcun aiuto nella compilazione della domanda**: il personale della CCIAA non è tenuto a fornire alcuna assistenza nella compilazione della modulistica né ad aiutarti nel rintracciare la documentazione da allegare;
- **Rinuncerai a ogni consulenza strategica**: i dipendenti della CCIAA non hanno le competenze per guidarti nelle scelte strategiche da compiere in merito alla tua registrazione e, qualora le avessero, non avrebbero nessun motivo per metterle a tua disposizione;
- **Dovrai occuparti personalmente della ricerca di anteriorità**: solo alcune CCIAA offrono un servizio di ricerca di anteriorità, e quelle che lo fanno ti chiedono di concordare preventivamente un appuntamento con l'operatore, secondo le disponibilità. In tutti gli altri casi, dovrai occupartene personalmente con tutti i rischi che ne derivano;
- **Il lavoro della CCIAA si conclude con la trasmissione della domanda**: starà a te il compito di monitorare l'intero iter della tua domanda di registrazione, verificando la presenza di eventuali

opposizioni, contestazioni o rilievi e, in questi casi, approntare le necessarie contromisure.

## Le Agenzie di Servizi

### L'Uovo Oggi e la Frittata Domani. Costi, Pro & Contro

Certamente girando su internet ti sarà accaduto di imbatterti in annunci del tipo: *"Ricerca Anteriorità marchio gratis"* o "verifiche comprese nel costo della registrazione" e "controlliamo gratuitamente la disponibilità del tuo marchio".

Queste affermazioni equivalgono a se un ingegnere ti dicesse "controlliamo se la tua casa è antisismica" poi andasse al catasto a vederne le planimetrie e, senza mai venire fisicamente alla casa né fare alcuna indagine costosa (rilievi o saggi), ti dicesse che sta per crollare oppure che resisterebbe ad un terremoto.

Tu che peso daresti alle conclusioni presentate da questo esperto?

Molti degli operatori del settore che offrono "ricerche di anteriorità gratuite", si limitano ad inserire il tuo brand nella banca dati online che è gratuita e pubblica, prendendo per buono il risultato che vien fuori dal controllo automatico svolto dal computer, lasciando te in balia di ogni possibile rischio.

Ovviamente, poi, questi controlli svolti con la formula del "tutto incluso" analizzando solo la banca dati UIBM non controllano in alcun modo la possibilità che tu stia per depositare un Marchio comunità europea contraffatto, né verificano i nomi a dominio o analizzano il registro imprese.

Ricorda che depositare un segno distintivo non è solo una formalità burocratica, in realtà stai chiedendo tutela legale per l'identità del tuo Brand che è e sarà in futuro l'asset più importante del tuo business, davvero vuoi affidarlo nelle mani di chi ti promette tutto il possibile al prezzo minore possibile? Meglio affidarsi a consulenti in grado di guidarti passo dopo passo alla registrazione nel modo più accurato possibile come vedremo nel paragrafo successivo.

## Il Supporto di Professionisti del Settore

**Prevenire è Sempre Meglio che Curare. Costi, Pro & Contro**

Specularmente a quanto fatto nel paragrafo precedente, lascia che ti esponiamo i pro e i contro di affidarti a dei professionisti per la registrazione del tuo Marchio.

Immagina la medesima bilancia a due piatti dell'esempio di prima, questa volta è sul piatto dei "contro" che puoi mettere un'unica e sola voce: "aumento del costo di registrazione", mentre sul piatto dei "pro" puoi mettere:

- **La compilazione dei moduli sarà effettuata correttamente**: dal momento che si occuperanno dei professionisti di compilare tutti i moduli necessari non avrai nulla da temere;
- **Non dovrai occuparti di raccolta e predisposizione degli allegati**: ci occuperemo anche di predisporre e collazionare tutti gli allegati necessari a corredare la tua domanda di registrazione e, ove necessario, ci occuperemo di procurare la documentazione mancante;
- **Risparmierai tempo**: con il nostro aiuto professionale non dovrai perdere un solo secondo in più del tempo strettamente necessario;
- **Beneficerai di consulenze strategiche**: attraverso l'esperienza maturata in anni di esperienza in questo settore, siamo in grado di guidarti in tutte le scelte strategiche per tutelare al meglio la proprietà intellettuale del tuo business, anche in prospettiva futura;
- **Riceverai report sull'avanzamento della tua domanda di registrazione**: a differenza della CCIAA, noi continuiamo a supervisionare l'iter della tua domanda di registrazione fino al momento in cui sarai titolare del tuo Marchio. Questo significa che ti avviseremo in caso qualcosa vada storto con la domanda e che potremo intervenire per rimettere la tua

pratica sulla giusta carreggiata (magari modificandola parzialmente);

- **Possiamo occuparci della registrazione di marchio a qualunque livello**: rivolgendoti a noi potrai registrare il Marchio non solo in Italia ma anche a livello Europeo ed internazionale, e ciò con solo un piccolo aumento dei costi complessivi;
- **Svolgeremo approfondite ricerche di anteriorità**: grazie all'esclusivo sistema ™rating prima di depositare la tua domanda di registrazione scandaglieremo il Pubblico Registro dei Marchi italiano o europeo alla ricerca di eventuali segni distintivi identici o simili al tuo, riducendo drasticamente il rischio per te di incorrere in eventuali opposizioni alla domanda di registrazione.
- **Per tutta la durata della tua registrazione ti avvertiremo in caso di contraffazione**: una volta registrato il tuo Marchio, potremo controllare mese per mese nei successivi 10 anni che nessuno provi a registrare un marchio identico o anche solo simile al tuo in Italia o in Europa.

# I Limiti della Registrazione: Territoriale, Merceologico e Temporale

## Limite Territoriale: i Mercati che Puoi Conquistare

Dal punto di vista giuridico la realtà che ci circonda si compone di soggetti di diritto (esseri umani, enti, società) che sono titolari di diritti e doveri ed oggetti di diritto (i beni e le cose) che sono ciò su cui i diritti vengono esercitati.

Per esempio Tizio (soggetto giuridico) ha comprato casa (oggetto di diritto) e ne è proprietario (diritto).

La medesima organizzazione logica viene utilizzata anche quando l'oggetto di diritto non ha una fisicità e viene definito "bene immateriale" (cioè privo di materialità) come ad esempio i Marchi.

A tutti gli effetti di legge il Titolare di un Marchio ne è il Proprietario (Proprietà Intellettuale).

Dalla titolarità di un Marchio derivano ampi poteri su di esso, esattamente come accade quando si è proprietari di un qualunque bene materiale.

## ARRICCHIRSI CON IL MARCHIO REGISTRATO

Ti sarà chiara la necessità di porre dei limiti ben precisi ad un qualcosa che non ha dei suoi limiti fisici (come appunto sono i beni privi di materialità) così da rendere concreto ed effettivo il potere dei titolari ma, al contempo, consentire agli altri soggetti di diritto di operare sul mercato.

Il potere derivante dalla proprietà di un Marchio non è universale ed assoluto, ma è strettamente limitato a circostanze geografiche, temporali e merceologiche.

Per dirla in parole povere i poteri di chi è titolare di un Marchio si estendono solo:

1. Nel territorio ove è utilizzato e/o registrato;
2. Per il periodo di tempo in cui viene utilizzato e/o per la durata della registrazione;
3. Limitatamente a quei prodotti o servizi per cui viene utilizzato e/o è stato registrato.

Qui approfondiremo il concetto di Territorialità del Marchio analizzando dettagliatamente i tre aspetti che interessano a chi opera nel mercato Italiano: il Marchio Italiano, il Marchio dell'Unione Europea o Marchio UE (ex Marchio Comunitario) ed il Marchio Internazionale (Extra Europeo).

La trattazione che segue muove dal presupposto che tu abbia ben chiaro cosa s'intende per Marchio, perciò, qualora dovessi incontrare delle difficoltà nella lettura, ti invitiamo ad approfondire la questione prima di proseguire.

Partiamo analizzando quelle che sono le caratteristiche comuni di ogni Marchio, a prescindere dalla specifica estensione territoriale.

## Il Marchio Italiano

La principale fonte di guadagno per un'impresa resta il Mercato Interno del proprio paese, per questo è assurdo che moltissime aziende italiane ancora non tutelano nel miglior modo possibile la loro principale fonte di reddito: Registrare il proprio Marchio nel territorio nazionale.

Rimandando ad altri capitoli l'analisi degli innumerevoli vantaggi della registrazione del Marchio, ti spiegheremo come funziona la registrazione in Italia, a quale Ufficio Pubblico rivolgerti, come effettuarla e, soprattutto, quanti e quali sono i rischi del "fai da te".

### Ufficio Italiano Brevetti e Marchi – U.I.B.M.

La prima cosa da sapere è che agli occhi della legge le "proprietà intellettuali" (Marchi e Brevetti) appartengono a chi iscrive il proprio nome nel Pubblico Registro accanto al bene (immateriale) di cui si dichiara proprietario.

Per rendere più agevole la comprensione, considera che i Marchi ed i Brevetti si comportano esattamente come le automobili e gli altri "beni mobili registrati": proprietario dell'automobile non è chi la usa o la detiene ma chi risulta "proprietario" nel Pubblico Registro delle Automobili (PRA).

In Italia l'ente preposto alla custodia, alla compilazione ed alla manutenzione del Pubblico Registro delle proprietà Intellettuali è l'Ufficio Italiano Brevetti e Marchi o U.I.B.M.

Come si evince dal nome stesso dell'Ufficio, in Italia è un unico ente a sovrintendere tanto i Marchi quanto i Brevetti, a differenza da quanto accade in Unione Europea o negli USA, e ciò sia per le similitudini tra Marchi e Brevetti che, soprattutto, per ragioni di opportunità.

Storicamente l'economia del nostro Paese non era improntata in via principale al libero mercato ed alla concorrenza a più livelli, per cui l'esigenza di registrazione del Marchio non era avvertita tanto quanto accadeva negli USA.

Oggi l'Italia è al centro di una economia globalizzata, estremamente competitiva e improntata al libero commercio ma la maggioranza delle aziende e dei professionisti del nostro paese ancora non si è adeguata a tale cambiamento, lasciando sprovvisto di tutela un asset fondamentale come il Marchio.

## Tipologie di Marchio Italiano

L'Italia è un Paese membro dell'Unione Europea, una comunità di Stati che hanno deciso di dotarsi di un libero mercato comune.

Per questa ragione il nostro Paese ha modificato la disciplina nazionale riguardo ai Marchi armonizzandola a quella della UE.

Ad oggi in Italia è possibile registrare le medesime tipologie di Marchio registrabili in UE, ci riferiamo tanto ai Marchi Convenzionali quanto ai Marchi Non Convenzionali con la sola eccezione della categoria del Marchio Misto che in Italia va tutelato come *"Marchio Figurativo contenente elementi verbali"*.

In questa sede ci occuperemo di trattare delle specifiche categorie di Marchi nazionali: il Marchio Collettivo ed il Marchio di Certificazione.

Il Marchio Collettivo è sempre esistito nell'ordinamento italiano e svolgeva una duplice funzione:

1. Dimostrare che il prodotto su cui era apposto proveniva da un gruppo omogeneo di aziende;
2. Certificare che il prodotto era stato realizzato in ossequio a determinati standard di qualità.

In altri paesi appartenenti all'Unione Europea, invece, esiste una netta differenziazione tra i Marchi Collettivi ed i Marchi di Certificazione ad ognuno dei quali è attribuita solo una delle funzioni sopra riportate.

In un'ottica di armonizzazione delle discipline giuridiche tra i Paesi membri della UE, l'Italia ha dovuto modificare il proprio sistema e, oggi, gli articoli 11 e 11*bis* del Codice della Proprietà Industriale riconoscono e disciplinano due categorie diverse di Marchio.

**Il Marchio Collettivo**

Come detto l'attuale disciplina di questa categoria di Marchi è contenuta nell'articolo 11 del Codice della Proprietà Industriale per come risultante all'esito della riforma introdotta dal Decreto Legislativo n°15 del 2019 che ha uniformato l'ordinamento italiano a quello europeo.

Il Marchio Collettivo svolge oggi la sola funzione di informare i consumatori che i prodotti o i servizi su cui viene apposto, sono fabbricati o forniti da soggetti appartenenti ad una associazione di categoria, o consorzio, specificamente autorizzata all'utilizzo di quel Marchio.

In sostanza possiamo dire che i Marchi Collettivi forniscono informazioni in merito alla origine commerciale (provenienza, natura o qualità) dei prodotti o dei servizi su cui sono apposti.

Data la loro natura, i Marchi Collettivi nascono per essere utilizzati da molti soggetti diversi dai loro titolari che, in genere, non li utilizzano affatto.

Sostanzialmente il consorzio titolare di un Marchio Collettivo ha il potere di concederne l'utilizzo a chi ne faccia richiesta, ma quasi mai il consorzio stesso produce e commercializza il prodotto in sé e, quindi, non utilizza direttamente il Marchio Collettivo di cui è titolare.

Il potere del titolare di concedere o meno l'utilizzo di un determinato Marchio collettivo, però, comporta anche il dovere da parte di quest'ultimo di controllare e garantire l'origine, la natura e la qualità del prodotto e/o del servizio che di quel Marchio Collettivo si fregia.

Per questa ragione, al momento di depositare la richiesta di registrazione di un Marchio Collettivo, è fatto obbligo al richiedente di depositare anche copia del "Disciplinare del Marchio".

Il deposito può essere contestuale o meno ma deve essere necessariamente compiuto entro e non oltre i due mesi dalla data di deposito della domanda di registrazione.

Il Disciplinare di un Marchio Collettivo contiene tutte le prescrizioni che i produttori di quel determinato prodotto (o prestatori di quel determinato servizio) devono rispettare per poter ottenere la licenza di utilizzo del Marchio Collettivo.

Nel Disciplinare è anche contenuta l'indicazione dei soggetti incaricati di svolgere i controlli in merito alla qualità generale del prodotto finale, alle tecniche di produzione ed alle materie prime utilizzate.

Eventuali modifiche al Disciplinare devono essere comunicate all'UIBM, attraverso apposita procedura a pena di decadenza del Marchio Collettivo.

## I Marchi di Garanzia ed i Marchi di Certificazione: Disciplina del Marchio CE

Sono piuttosto recenti nel nostro ordinamento, così come in quello europeo, e sono stati mutuati dagli ordinamenti di altri paesi aderenti all'Unione Europea.

La funzione dei Marchi di Garanzia è quella di certificare la sussistenza di determinate caratteristiche dei prodotti e dei servizi, in ossequio allo specifico regolamento d'uso, che il titolare del Marchio di Garanzia deve depositare insieme alla domanda di registrazione del Marchio.

A differenza di quanto avviene per il Marchio Collettivo, però, chiunque può registrare un Marchio di Certificazione (o di Garanzia), a patto che non produca i prodotti o fornisca i servizi che sono oggetto di certificazione.

Il titolare di questo Marchio è tenuto a rispettare il principio di neutralità: essendo deputato ai controlli del rispetto del regolamento d'uso e della qualità generale, in nessun caso, può essere un utilizzatore del suo stesso Marchio.
Similmente a tutte le altre tipologie di Marchio, anche i Marchi di Garanzia devono rispettare le regole generali in merito alla novità, alla liceità ed alla capacità distintiva.

La tutela dei Marchi di Garanzia o Certificazione è limitata alle sole categorie merceologiche in cui sono registrati e, nello specifico, va indicato a quali Classi di Nizza appartengono i prodotti e i servizi che verranno certificati dal titolare del Marchio.

Dal punto di vista territoriale la tutela offerta dalla registrazione di questa categoria di Marchi si estende entro i limiti della registrazione stessa (il territorio italiano in caso di registrazione nazionale, l'intera UE in caso di registrazione europea).

Sul punto specifichiamo che quello italiano può certificare anche l'origine geografica di prodotti e servizi, mentre per quello europeo ciò non è consentito ed il divieto riguarda tanto il Marchio quanto il regolamento d'uso.

Il Marchio di Garanzia ed il Marchio di Certificazione sono estremamente simili ma non sono la stessa cosa, pertanto nella domanda di registrazione da presentare all'U.I.B.M. va indicato in modo chiaro per quale dei due si sta chiedendo la registrazione.

Tieni presente che al massimo entro due mesi dal deposito della domanda di registrazione va obbligatoriamente depositato anche il regolamento d'uso, che deve contenere:

- L'autocertificazione da parte del richiedente di non produrre i prodotti né fornire i servizi del tipo che intende certificare con il proprio Marchio;
- La specifica e puntuale indicazione delle caratteristiche dei prodotti o servizi che si intendono certificare con il Marchio;le condizioni d'uso cui saranno sottoposti i terzi autorizzati all'utilizzo del Marchio;
- L'indicazione delle modalità con cui saranno svolte le verifiche ed i controlli riguardo la qualità dei prodotti e dei servizi che verranno certificati dal Marchio.

Anche nel caso del Marchio di Garanzia e del Marchio di Certificazione, ogni modifica al regolamento d'uso deve essere comunicata all'UIBM con apposita procedura a pena di decadenza del Marchio.

## Il Marchio Europeo o MUE

Uno degli scopi per cui è nata l'Unione Europea è quello di costruire un "mercato comune", e può essere raggiunto solo attraverso l'armonizzazione delle norme che regolano il commercio in tutti i paesi membri.

Per questa ragione, in termini di titolarità, registrazione e tenuta del Pubblico Registro il Marchio UE è regolato da una disciplina giuridica pressoché speculare a quella descritta per il Marchio Italiano.

In pratica, anche a livello di Unione Europea il Marchio si comporta come ogni altro "bene mobile registrato": il Titolare del Marchio è chi ne risulta intestatario dal Pubblico Registro (esattamente come accade per le autovetture).

Tieni presente che Marchio Europeo, Marchio UE, Marchio dell'Unione Europea e Marchio Comunitario sono tutti sinonimi e sono correttamente utilizzabili per indicare un Marchio registrato per l'intero territorio dell'Unione Europea (vale a dire in tutti i paesi che fanno parte della UE).

L'Ufficio Pubblico che è incaricato di custodire, compilare e preservare il Registro Europeo dei Marchi si chiama European Intellectual Property Organization meglio noto come EUIPO.

## Ufficio dell'Unione Europea per la Proprietà Intellettuale – EUIPO

Fondato il 15 marzo 1994, è stato conosciuto come UAMI fino al 23 marzo 2016, ed ha sempre avuto sede in Spagna nella città di Alicante.

Venne costituito per essere un'agenzia decentrata dell'UE con lo scopo di tutelare le imprese e gli operatori del mercato in tutta l'Unione, preservandone i diritti di proprietà intellettuale.

Le annotazioni registrate nel Pubblico Registro compilato e custodito dall'EUIPO sono automaticamente valide ed efficaci in tutti i Paesi Membri dell'Unione.

Attualmente l'EUIPO registra all'incirca 135.000 nuovi Marchi Europei all'anno, garantendo ai titolari di questi ultimi assoluta protezione in un mercato che complessivamente conta oltre 500 milioni di potenziali clienti e consumatori.

L'EUIPO offre tutela concreta ai titolari di Marchio Europeo giacché, dal giugno 2012, è a capo dell'Osservatorio Europeo sulle violazioni dei diritti di proprietà intellettuale, istituto che svolge un ruolo attivo nella lotta contro la pirateria e la contraffazione all'interno della UE.

**L'Unitarietà del Marchio dell'Unione Europea**
Il Marchio dell'Unione Europea è sottoposto al principio di unitarietà: una volta che esso ha concluso l'iter di registrazione europeo, ha automaticamente valore ed efficacia in ogni Stato membro dell'Unione e qualora dovesse perdere efficacia in uno di essi, sarà automaticamente inefficace in tutti gli altri.

Non è possibile che un Marchio Europeo sia valido in alcuni Paesi dell'Unione si ed in altri no: è valido o non valido in tutti i Paesi membri contemporaneamente.

Proprio dal funzionamento del principio di unitarietà, consegue che il Marchio Europeo non è contestabile all'interno di un singolo Paese membro ma solo in sede Europea.

## Quale Prevale tra un Marchio Europeo ed un Marchio Nazionale Precedente

Avendo letto il paragrafo precedente in merito al principio di unitarietà, molto probabilmente ti starai domandando: "cosa dovrei fare se qualcuno presenta una domanda di registrazione europea di un Marchio simile al mio Marchio registrato in Italia?"

Se hai affidato la cura dei tuoi interessi a dei professionisti del settore, questi potranno intervenire prontamente e presentare, nel breve lasso di tempo concesso dalla Legge, una formale opposizione alla registrazione europea ed impedire che venga registrato per rubarti clientela in Italia.

Magari, però, leggendo del principio di unitarietà, è stata una diversa domanda a venirti in mente: *"come posso assicurarmi che il Marchio per il quale ho presentato domanda di registrazione europea non è simile ad uno già registrato a livello nazionale in altro Paese dell'UE?"*.

La brutta notizia è che questa eventualità è decisamente frequente, del resto non tutti hanno le competenze ed i mezzi per passare al setaccio i Pubblici Registri dei Marchi di tutti i Paesi della UE.

La buona notizia è che puoi consultare la banca dati pubblica messa a disposizione dall'EUIPO che prende il nome di *TMview* ed assicurarti che in nessun paese europeo sia stato registrato un marchio identico al tuo.

Ovviamente per assicurarti che non esistano neanche Marchi Simili al tuo avrai bisogno di rivolgerti a dei professionisti del settore che hanno i mezzi e le competenze per svolgere questo tipo di verifiche.

## La Rappresentazione Grafica di un Marchio UE

Dal 1° ottobre 2017 non è più richiesto il requisito della rappresentazione grafica per la presentazione di una domanda di registrazione di Marchio Europeo.

Ad oggi i segni distintivi alternativi, conosciuti come Marchi Non Convenzionali, possono essere registrati in qualsiasi forma idonea, sfruttando la tecnologia disponibile, purché risultino rappresentabili in modo accessibile, preciso, obiettivo, chiaro e durevole.

Per perseguire l'obiettivo di rendere più accessibile agli operatori la registrazione, il Regolamento sul Marchio dell'Unione Europea (REMUE) elenca i requisiti tecnici (formato e dimensione del file da inviare all'Ufficio) necessari alla rappresentazione dei tipi di Marchio convenzionali o non convenzionali.

Le finalità perseguite con questa norma sono:

- Offrire una maggiore certezza del diritto a chi registra;
- Ridurre il numero delle obiezioni relative ai requisiti formali delle domande di registrazione.

Se stai pensando di registrare un Marchio Europeo, ti consigliamo di consultare questa tabella ufficiale.

**La Disciplina del Marchio Europeo a Seguito della Brexit**

Nonostante sia passato ormai qualche anno dall'uscita del Regno Unito dall'UE, i rapporti tra i due sono ancora in corso di risoluzione, e nulla è ancora certo.

Allo stato possiamo dire che la disciplina del Marchio Europeo nel territorio UK è organizzata su due capisaldi:

- Se un Marchio UE era già registrato prima della Brexit, continuerà a valere nel territorio del Regno Unito, ove è stata istituita una apposita sezione speciale da parte dell'Ufficio Britannico per Marchi e Brevetti – UKIPO;

- Per i Marchi UE registrati dopo la Brexit, attualmente è necessario provvedere ad apposita registrazione presso UKIPO.

## Il Marchio Internazionale

Dando per acquisita la fondamentale importanza di un sistema di tutela della proprietà intellettuale (IP), sottolineiamo che esso diviene più fondamentale via via che si allarga la dimensione del mercato di riferimento e, di conseguenza, il numero di potenziali consumatori ed aziende concorrenti.

Tutti gli Stati hanno interesse a stringere accordi a tutela delle proprie aziende, sia difendendo il mercato interno dall'invasione di mercanzia contraffatta prodotta all'estero, sia di preservare le esportazioni delle proprie aziende, impedendo che la contraffazione avvenga fuori dai loro confini nazionali.

Attualmente la tutela della IP al di fuori dei confini europei è organizzata in due principali discipline giuridiche a seconda del caso:

1. Una per i Paesi che hanno siglato l'accordo di Madrid e/o il Protocollo di Madrid;

2. L'altra per i Paesi che non hanno firmato l'accordo di Madrid e/o il Protocollo di Madrid.

Solo nel primo caso è corretto parlare di "Marchio Internazionale", mentre nel secondo si parla di "Marchio Nazionale registrato in paesi non firmatari".
Analizziamo queste due categorie.

**Marchio WIPO**

Partiamo chiarendo che il Marchio Internazionale non è una categoria autonoma, bensì si configura come l'estensione a livello internazionale di un Marchio nazionale originario.

In pratica, sulla base di accordi internazionali, un Marchio "originario" Italiano o Europeo, acquisisce valenza di "Marchio Registrato" anche in moltissimi altri Paesi extra UE, come se fosse stato registrato singolarmente in ognuno di essi.

Possiamo dire che con la locuzione "Marchio Internazionale" s'intende quello la cui registrazione viene estesa a più Stati Extraeuropei con un'unica domanda.

Allo scopo di promuovere e favorire un sistema globale di tutela della proprietà intellettuale, nel 1967 è stata istituita la World Intellectual Property Organization (W.I.P.O.), già Organisation mondiale de la propriété intellectuelle (O.M.P.I.). La W.I.P.O. – di cui ad oggi fanno parte ben 193 nazioni – è un'agenzia autonoma della Organizzazione delle Nazioni Unite (O.N.U.), specializzata nella protezione e promozione della proprietà intellettuale nel mondo, in particolare essa sovrintende alle procedure di registrazione dei Marchi Internazionali.

Il Marchio Internazionale è disciplinato da due trattati:

- Accordo di Madrid;
- Protocollo di Madrid.

Alcuni Stati hanno sottoscritto solo l'Accordo [A], altri Stati hanno firmato solo il Protocollo [P] ed infine vi sono Paesi, tra cui l'Italia, che hanno scelto di aderire ad entrambi [A]+[P].
Il contenuto dei due trattati è molto diverso:

- l'Accordo prevede che si possa presentare una domanda di registrazione di Marchio Internazionale solo se il Marchio in questione è già registrato nel paese di origine, il Protocollo consente invece di presentare direttamente la domanda di Marchio Internazionale;
- Secondo l'Accordo la procedura di registrazione va effettuata in lingua francese, mentre il Protocollo consente di usare sia il francese che l'inglese (ciò vale anche per i Paesi che hanno firmato entrambi gli accordi).

A prescindere su quale dei due trattati esso sia fondato, il Marchio Internazionale equivale in tutto ad ogni Marchio Nazionale registrato negli Stati indicati nella domanda.

Al momento in cui scriviamo questo articolo **i Paesi attualmente aderenti alla disciplina del Marchio Internazionale sono 128**, ma è superfluo fornire un elenco dettagliato in quanto quasi ogni anno si aggiungono nuovi Stati tra i firmatari dei due trattati internazionali.

I due immensi vantaggi di registrare un Marchio Internazionale sono:

1. il costo di registrazione è unico e viene pagato una sola volta per tutti e 128 i Paesi;
2. la procedura è unica, il che evita di sottoporsi per 128 volte al rischio di ricevere opposizioni e/o di veder rigettato il proprio Marchio.

**La procedura di registrazione di un Marchio WIPO**

Partiamo chiarendo che il Marchio internazionale resta sempre legato alla sua versione "originaria" cioè quella prima registrazione come Marchio Italiano o Europeo che il titolare ha scelto di estendere su scala internazionale.

Da ciò deriva che, sebbene il Marchio Internazionale sia valido per 10 anni dalla data di registrazione, per i primi 5 perde automaticamente validità se ciò accade al suo contraltare "originario".

Dal momento che il nostro Paese aderisce ad entrambi i trattati siglati a Madrid, chi richiede la registrazione di un Marchio in Italia può scegliere se estendere il proprio Marchio a:

1. Stati che aderiscono all'Accordo, sottoponendo il proprio Marchio alla normativa dell'Accordo;
2. Nazioni che aderiscono al Protocollo, adottando per il proprio Marchio la disciplina del Protocollo;
3. Paesi che hanno sottoscritto sia l'Accordo che il Protocollo, nel qual caso la legge stabilisce che il Marchio sarà sottoposto alla disciplina dell'Accordo.

Nel primo caso è necessario che alla base della richiesta di estensione di tutela a livello internazionale vi sia un Marchio già registrato in uno dei Paesi firmatari dell'Accordo.

Nel secondo caso è possibile invocare l'estensione di tutela a livello internazionale anche solo sulla base di una domanda di registrazione effettuata in uno dei Paesi firmatari del Protocollo.

Nel terzo caso, se alla base della richiesta di estensione di tutela vi è solo una domanda di registrazione (non un Marchio Registrato), la legge prevede che:

- Verranno automaticamente cancellati dalla domanda di estensione i Paesi che hanno sottoscritto l'Accordo e non il Protocollo;
- Se il titolare richiede che la domanda venga disciplinata dall'Accordo, questa viene congelata e l'iter prosegue solo dal giorno in cui il Marchio viene effettivamente registrato nel Paese d'origine.

**Attenzione**: La procedura di registrazione cambia a seconda che il Marchio "originario" sia italiano o europeo.

- In caso di Marchio Italiano il deposito dovrà avvenire presso l'UIBM, attraverso la necessaria procedura, facendo attenzione a pagare le tasse sia alla WIPO che all'UIBM;
- Nel caso di Marcio Europeo la domanda va depositata all'EUIPO.

Da tutto quanto sopra, avrai sicuramente capito che è decisamente sconsigliabile procedere alla registrazione di un Marchio Internazionale senza l'aiuto di professionisti esperti della materia.

## Marchio Nazionale di Paesi Non Firmatari

Come devi procedere se vuoi esportare i tuoi prodotti o servizi in un Paese che non rientra tra quelli membri della WIPO?

In questo hai due possibilità:

1. Se il Paese in questione ha siglato un accordo bilaterale con l'Italia o con la UE, troverà applicazione la disciplina stabilita in detto accordo;
2. In tutti gli altri casi, sarai obbligato a procedere ad una registrazione autonoma direttamente nel Paese in cui intendi esportare.

## Limite Merceologico: Agisci Pianificando il Futuro

In un mercato globalizzato non è immaginabile che le regole del commercio non siano armonizzate in tutti i Paesi.

Per questa ragione gli Stati hanno portato avanti, in varie conferenze diplomatiche, i lavori per giungere ad un sistema di regole comuni che ha nella classificazione delle Categorie Merceologiche concordata a Nizza il proprio pilastro.

L'organizzazione di un impianto di regole fondato su una precisa classificazione merceologica, non avrebbe alcun senso di esistere se, superati i confini nazionali, ci si trovasse davanti ad una diversa classificazione.

Per questo motivo è stata adottata la medesima classificazione in tutti gli Stati del mondo.
La scelta delle classi merceologiche in cui registrare il proprio Marchio è il momento più delicato di ogni registrazione, per questi quattro motivi:

1. Chiunque può utilizzare il tuo Marchio per prodotti e servizi non rientranti nelle categorie da te selezionate nella registrazione;

2. La scelta delle categorie merceologiche è modificabile solo in senso riduttivo, non si possono aggiungere nuove classi in un secondo momento;
3. il costo della registrazione e dei suoi rinnovi sono parametrati al numero di categorie selezionate;
4. L'unico modo per estendere il proprio Marchio a nuovi prodotti/servizi è quello di effettuare una registrazione *ex novo*.

Al momento di scegliere in quante e quali categorie merceologiche registrare un Marchio devi avere ben chiaro in mente non solo l'utilizzo che di questo Marchio intendi fare oggi, ma devi avere un occhio al futuro e conoscere anche quali ulteriori prodotti/servizi andrai a commercializzare in un secondo momento.

E' impossibile aggiungere delle ulteriori classi merceologiche ad un Marchio registrato.

L'unica operazione consentita (in qualunque momento) è la riduzione del numero delle classi o dei prodotti/servizi all'interno della classe già selezionata.

La legge non consente in nessun caso di poter aggiungere nuove classi merceologiche al proprio Marchio registrato.

La selezione effettuata al momento di presentare la domanda di registrazione è assolutamente vincolante.

E' possibile registrare il proprio Marchio in più classi, senza alcun limite, ma estendere la registrazione a più classi in modo scriteriato così come limitarsi a rivendicare intere classi merceologiche senza fare specificazioni all'interno di esse, espone la domanda di registrazione a maggiori rischi di subire un'opposizone.

Soltanto le più grandi aziende al mondo si registrano in tutte le categorie merceologiche, rendendo illegittimo per chiunque su scala globale utilizzare il Marchio da loro registrato, a prescindere dal prodotto/servizio.

## Le Classi di Nizza

L'attuale Classificazione delle merci e dei servizi è stata discussa ed approvata dal personale diplomatico degli Stati partecipanti alla Conferenza di Nizza svoltasi il 15 giugno 1957 (da qui il nome *"classificazione di Nizza"*).

Quanto sancito a Nizza venne prima riveduto e corretto a Stoccolma nel 1967, poi a Ginevra nel 1977, ed infine modificato nel 1979, sempre a Ginevra, sede della W.I.P.O. – World Intellectual Property Organization (Organizzazione Mondiale della Proprietà Intellettuale).

Le classi di Nizza costituiscono una divisione convenzionale dei prodotti ed i servizi commercializzabili, utilizzata a livello globale.

Affinché le classi possano adeguarsi alle innovazioni tecnologiche, è consentito agli utenti di aggiungere nuovi prodotti all'interno delle categorie già esistenti.

Tali aggiunte verranno poi vagliate dall'Ufficio preposto, che deciderà se ammettere il loro ingresso nell'elenco.

In questo modo viene sempre mantenuto aggiornato l'intero sistema delle classi merceologiche.

Scopo del sistema della Classificazione Merceologica o Classificazione Nizza è quello di porre un argine al potere monopolistico derivante dalla registrazione del Marchio.

Registrare un Marchio conferisce a chi ne è titolare un Monopolio sull'utilizzo di quel segno distintivo: nessun altro potrà utilizzare quel segno nel commercio.

Da questo punto di vista la registrazione può avere un effetto dirompente sul mercato, impedendo a chiunque l'utilizzo di una determinata parola solo perché registrata come "Marchio" da qualche concorrente.

Per impedire che un simile potere venisse usato in modo deviato (come abuso di diritto), si è stabilito di procedere suddividendo tutti i beni ed i servizi esistenti in una serie di categorie, stabilendo poi che la registrazione avesse effetto solo limitatamente alle categorie appositamente selezionate al momento della registrazione.

Le classi merceologiche convenzionalmente stabilite con il trattato di Nizza sono 45 di cui 34 riferite a beni, merci e prodotti mentre 11 riguardano i servizi erogabili..

Qualora avessi difficoltà nell'individuazione delle Classi Merceologiche in cui registrare il tuo Marchio, puoi utilizzare lo strumento messo a disposizione dall'EUIPO denominato **TMClass** o, meglio ancora puoi rivolgerti a degli esperti che ti possano guidare nel compiere le scelte più opportune.

## Limite Temporale: il Diritto Potenzialmente Infinito

Il Marchio, a prescindere dalla tipologia, dall'ambito territoriale o dalle categorie merceologiche ha una durata di 10 anni che decorrono dalla data di registrazione.

E' importante sapere che:

- il Marchio è rinnovabile all'infinito (di 10 anni in 10 anni);
- si considera come momento conclusivo dei 10 anni l'ultimo giorno del mese della data di deposito originaria (ad esempio, se si è registrato il marchio il 01.03.2022 esso scadrà il 31.03.2032);
- la richiesta di rinnovo può essere presentata a partire da 12 mesi prima della scadenza (nell'esempio di sopra già il 31.03.2031);
- versando una mora è consentito rinnovare con un ritardo fino a 6 mesi oltre la scadenza (riferendoci sempre all'esempio di sopra 30.09.2032);
- oltre i 6 mesi di ritardo non sarà più consentito rinnovare e bisognerà presentare una nuova domanda di primo deposito;
- la data da cui decorre la validità del rinnovo è quella di scadenza della precedente registrazione;
- non è consentito apportare modifiche al Marchio al momento del rinnovo;

- la riduzione delle classi di Nizza è l'unica variazione autorizzata in sede di rinnovo;
- il Marchio deve essere rinnovato dal titolare;
- se il Marchio ha più contitolari il rinnovo può essere richiesto anche da uno solo di essi;
- qualora una parte del Marchio sia stata venduta durante i 10 anni della sua validità (cessione parziale) ciascun proprietario deve rinnovare il Marchio per i prodotti o servizi di competenza della sua "parte" di Marchio. Tale rinnovo non si estende agli altri;
- l'Ufficio non verifica la titolarità di un Marchio, presumendo che chi presenta la domanda di rinnovo di un Marchio ne sia il proprietario.

## Tutti i Tipi di Marchio e Come Trarne il Massimo Guadagno

### I Marchi della Tradizione: Concretezza e Affidabilità

Si definiscono Marchi Convenzionali quei segni distintivi tipicamente e canonicamente utilizzati nel mercato per contraddistinguere Brand famosi e Marche rinomate, come ad esempio loghi, disegni e stemmi.

La necessità di coniare uno specifico nome per questa categoria di Marchi è sorta solo di recente, quando un'importante riforma legislativa ha introdotto nell'ordinamento giuridico la possibilità di registrare come Marchio dei segni distintivi atipici ed inusuali denominati, per l'appunto, Marchi non convenzionali.

Possiamo quindi dire che esistono svariate tipologie di Marchi, tutte suscettibili di registrazione, ognuna delle quali tutela un determinato aspetto della identità del Brand (o "Brand Identity") che ne è titolare.

Importante è tenere presente che ogni tipologia di Marchio ha pari potenza ed offre il medesimo livello di garanzie, di poteri e di tutele a prescindere che si tratti di figurativo o denominativo.

Si definiscono "Marchi Convenzionali" quelli che tradizionalmente sono stati più utilizzati nella pratica commerciale e che storicamente sono stati più spesso oggetto di registrazione.

Per dirla in modo più semplice ed immediato, sono "convenzionali" quei segni distintivi cui pensi nel momento in cui immagini "nomi di marchi", un noto logo aziendale, oppure una delle icone di Brand famosi.

Passando ad un piano più tecnicamente e giuridicamente accurato, chiariamo che sono definiti "convenzionali" quelli che appartengono a queste tre categorie:

1. Marchi Denominativi;
2. Marchi Figurativi;
3. Marchi Misti o Complessi.

ed ognuno di essi tutela un aspetto specifico della "identità del Brand".

Analizziamoli singolarmente.

## Il Marchio Denominativo o Verbale

Questa tipologia di Marchio è probabilmente quella più utilizzata in assoluto e, sicuramente, la più immediata da comprendere.

Possiamo infatti dire che essa è il nome del Brand (o della marca, dell'azienda, del professionista o di una singola linea di prodotti).

Si compone di caratteri alfanumerici (lettere e/o numeri), che vengono ripetuti sempre in modo identico a come sono stati registrati: cioè nello stesso ordine, ma non necessariamente anche nello stesso font, nella stessa forma o nello stesso colore.

Usando un linguaggio non tecnico, ma che aiuta sicuramente a comprendere ciò di cui stiamo parlando, possiamo dire che esso è un "Logo con Lettere", un "Logo con Numeri" o anche un "Logo Scritta".

**Attenzione**: sia dal un punto di vista giuridico che da quello del marketing Marchio e Logo non sono la stessa cosa, ciononostante bisogna prendere atto che nel linguaggio comune i due termini sono considerati praticamente dei sinonimi e, quindi, ai fini di questa trattazione, li considereremo tali.

Per la sua natura di fungere a tutti gli effetti da "Nome" del Brand e per l'utilizzo che se ne fa nel parlato comune, prende anche il nome di "Marchio Verbale" o, utilizzando un linguaggio più tecnico possiamo dire che è il logotipo del Brand.

**Esempi di Marchio Denominativo o Verbale**

Degli esempi pratici ti aiuteranno a comprendere maggiormente i concetti espressi fin qui:

Tutti questi Loghi Famosi sono utilizzati nel linguaggio comune come se fossero il Nome del Brand e quando senti qualcuno pronunciare uno di questi termini, hai chiaro in testa a cosa quella persona si sta riferendo.

Rifletti su un aspetto: se il sentire pronunciare una delle parole sopra elencate fa andare automaticamente il pensiero al Brand corrispondente, questo non avviene se non vedi il nome del Brand scritto con quegli specifici caratteri, in quella forma, in quel colore, in quel font che hai imparato ad abbinare ad esso.

Per intenderci, prova ad immaginare di vedere questi Marchi Famosi scritti in questo modo:

- "NAICHE" (invece di "Nike");
- "SONI" (invece di "Sony");
- "FILIPS" (invece di "Philips")

in tutti questi casi il suono della parola (la pronuncia del nome) resterebbe identica, eppure sapresti immediatamente di non trovarti davanti al Brand originale.

Ecco qual è la potenza di un Marchio registrato come Denominativo ed ecco perché è fondamentale procedere quanto prima al suo deposito.

## I Vantaggi del Marchio Denominativo

A patto di rispettare il criterio del Carattere Distintivo del Marchio, si può preferire la scelta del Marchio verbale per varie ragioni:

1. Offre maggiore libertà nell'uso della parola scelta come Marchio: consente di riprodurre la parola registrata come Marchio con qualsiasi font per loghi, forma o colore, anche eventualmente cambiandoli col tempo, in armonia con l'evolversi del Brand;
2. Consente di preservare il patrimonio storico del Brand: la titolarità di questo tipo di Marchio rende più appetibile

una cessione di attività, poiché consente agli acquirenti del Brand di mantenere il nome, beneficiando della reputazione già acquisita;
3. Sfrutta al meglio il potere evocativo di un determinato nome: consente di beneficiare appieno dell'effetto dato da un nome che abbia un particolare significato, che sia un gioco di parole o una particolare combinazione di numeri evocativa per il pubblico;
4. Agevola la fidelizzazione della clientela: focalizza l'attenzione dei consumatori sulla provenienza del prodotto/servizio sottolineandone la relazione con un determinato produttore che, con il tempo, impareranno a conoscere ed apprezzare;
5. Conferisce a chi ne è titolare il diritto all'utilizzo esclusivo di quella parola, impedendo ad altri di registrarne di anche soltanto confondibili.

## Quando scegliere il Marchio Denominativo

A questo punto ti starai domandando se sia il caso di depositare il tuo logo con lettere come Denominativo, cioè tutelare il nome del Brand, o se, invece, dovresti optare una tutela che si estenda anche all'aspetto grafico, attraverso la registrazione di un Marchio Figurativo.

Non esiste una risposta universalmente valida per questo quesito, giacché tutte le scelte in merito alla registrazione vanno sempre fatte in funzione degli aspetti peculiari e specifici del tuo Brand e degli obiettivi di mercato che intendi raggiungere.

In linea molto generale, possiamo dire che dovresti iniziare domandandoti:

- L'aspetto grafico del Brand è imprescindibile per far risaltare il tuo Marchio e renderlo riconoscibile rispetto a quelli della concorrenza, oppure non è questo il caso?
- Come e quanto verrà utilizzato l'aspetto della grafica del Logo? Il nome verrà sempre raffigurato insieme ad eventuali icone/disegni/simboli, oppure no?
- Il nome scelto per essere registrato come nome del Brand ha un significato particolare? Questo nome avrebbe lo stesso potere evocativo nelle lingue dei paesi in cui progetti di espanderti in futuro?

I quesiti sopra esposti bastano a far comprendere la varietà e la profondità degli aspetti da prendere in considerazione al momento di registrare un nome e un logo, per questo ti conviene approfittare dell'esperienza di chi si occupa di questo da anni e con successo.

In linea generale devi optare per questo tipo di registrazione quando è l'elemento concettuale l'aspetto che più distingue il tuo Marchio.

## Criticità del Marchio Denominativo

Nonostante tutto quello che hai letto fin qui in merito ai vantaggi della scelta di registrare il tuo Brand come Denominativo, è importante aver presente che questa tipologia di registrazione presenta due serie criticità:

La prima possibile criticità se il tuo Brand è costituito da un nome caratterizzato da una grafica incisiva e riconoscibile, qualora tu scegliessi di registrarlo come Denominativo nulla impedirebbe ai tuoi concorrenti di copiare la grafica e lo stile del tuo Marchio, cambiando solo il nome, rubandoti così clientela con poco sforzo.

Facciamo un esempio considerando il Brand BARILLA.

La parola BARILLA viene presentata con colori precisi (rosso e bianco) ed una stilizzazione ben riconoscibile (scritta bianca su doppia ellissi bianca e rossa).

Ora, se BARILLA fosse registrato soltanto come Logo Denominativo, i suoi concorrenti potrebbero usare una parola diversa (es. Rampino), ma riprodotta esattamente con gli stessi colori ed il medesimo stile del Marchio del famoso pastificio.

La seconda delle possibili criticità si verifica quando la parola scelta per essere il tuo Marchio non è un termine di fantasia o è semplicemente descrittiva del tipo di prodotto/servizio che offri, è facile che la tua domanda di registrazione venga rigettata perché carente di Carattere Distintivo.

Se hai dubbi su cosa si intenda per carattere distintivo del Marchio o sulle differenze tra Marchio Forte e Marchio Debole, abbiamo affrontato entrambi gli argomenti nei capitoli 1 e 3.

Per tutte le ragioni presentate, consigliamo di non affrontare questo intricato e complesso sistema di decisioni con il metodo del "fai da te", ma di affidarsi invece alla guida di professionisti del settore che possano guidarti in apposita consulenza strategica.

## Il Marchio Figurativo

Si tratta di ciò che viene sicuramente in mente quando si sente parlare di "Logo", dal momento che esso è la componente grafica (simbolo o icona) del Brand, e può essere accompagnato alla componente denominativa o essere rappresentato senza segni alfanumerici.

In queste tipologie di registrazione è consentito registrare tanto il Logo in bianco e nero quanto il Logo a colori, tale scelta avrà però delle precise ripercussioni non solo sulla grafica Logo ma anche sulla vita del Marchio o del Logo Figurativo.

Attenzione: Anche se nel linguaggio comune i termini "Logo" e "Marchio" sono utilizzati come sinonimi, dal punto di vista legale o di marketing Marchio e Logo non sono affatto la stessa cosa.

Questo tipo di Marchio è composto da un simbolo, che può avere qualunque forma, essere colorato o in bianco e nero, ricco di dettagli o solamente stilizzato.
A differenza di quanto vale per quello Denominativo, però, il Figurativo deve essere sempre e comunque raffigurato uguale a come è stato registrato, non potendo variare nella forma o nei colori.

Utilizzando un linguaggio più tecnico possiamo dire che quello Figurativo è il Pittogramma Logo del Brand.

**Esempi di Marchio Figurativo o Pittogrammi**

Anche in questo caso degli esempi aiuteranno a comprendere maggiormente i concetti espressi fin qui, riprendendo gli esempi fatti nel paragrafo precedente:

## ARRICCHIRSI CON IL MARCHIO REGISTRATO

Quelli sopra sono alcuni dei Loghi famosi più noti ed hanno tutti un potere evocativo tale per cui, solo a vederne uno, si può ricollegarlo all'azienda cui appartiene, anche in assenza di qualsiasi altro riferimento.

Pensaci, anche se tutti i simboli sopra sono spesso riprodotti insieme con il Nome del Brand cui appartengono, pur riprodotti da soli svolgono comunque egregiamente la loro funzione.

Prova ad immaginare di vedere una scarpa con sopra impresso un "baffo" ma disegnato al contrario, o un fast food con una grande W gialla in cima all'edificio, sapresti immediatamente di non trovarti davanti ai Brand originali e ti faresti subito un'opinione negativa dei loro prodotti, ancor prima di provarli.

Tale è la potenza di un Logo Figurativo ed ecco perché è fondamentale che venga registrato.

## Vantaggi del Marchio Figurativo

Sempre a patto di rispettare quanto prescritto in merito al Carattere Distintivo del Marchio, si può preferire la scelta del Figurativo per varie ragioni:

- Offre la possibilità di sfruttare un effetto più immediato: apporre un simbolo sui propri prodotti consente di sfruttare l'effetto inconscio derivante da un immediato riconoscimento del Brand, saltando il passaggio in cui il cliente dovrebbe leggere la scritta;
- Generalmente è considerato più elegante: parlando in via generale è considerata di maggior eleganza (specie nel campo della moda) l'apposizione di un simbolo rispetto ad una ben più ingombrante scritta;
- Sfrutta al meglio il potere evocativo di un determinato simbolo: qualora si sia creato o scelto un simbolo particolarmente evocativo/impattante come simbolo del proprio Brand, questa tipologia di registrazione consente di sfruttarne al massimo la forza;
- Rende più immediata per il pubblico l'associazione tra Brand e prodotto (o servizio).

Questi sono solo alcuni dei vantaggi offerti dal registrare un disegno come proprio logo.

## L'elemento Grafico è Ciò che Identifica il tuo Marchio

Anche in questo caso ti starai probabilmente domandando se salvaguardare la veste grafica del tuo Brand attraverso una registrazione Figurativa, o se, tutelarne l'aspetto concettuale attraverso la registrazione Denominativa.

Ribadiamo che non esiste una risposta univoca a questo quesito, perché tutte le scelte in merito alla registrazione andrebbero fatte in base agli elementi esclusivi e specifici del Brand nonché degli obiettivi verso cui si intende spingere il proprio business.

Per questo, sempre in linea generale, ti consigliamo di domandarti:

- Nel settore in cui operi, è di fondamentale importanza l'aspetto grafico/estetico del Brand per far percepire i tuoi prodotti come diversi ed esclusivi rispetto a quelli della concorrenza, oppure no?
- Come intendi utilizzare il simbolo della tua azienda? Verrà sempre raffigurato insieme al nome sui tuoi prodotti? Oppure sostituirà completamente il nome che non comparirà affatto sui prodotti?
- Il simbolo che intendi registrare come Figurativo ha un significato particolare? Se così fosse, manterrebbe

questo potere evocativo anche nei mercati esteri in cui progetti di espanderti in futuro?

Questi sono solo alcuni dei quesiti ai quali devi dare risposta se ambisci a scegliere la tipologia di registrazione perfetta per il tuo Brand.

## Criticità del Marchio Figurativo

Anche questa tipologia di registrazione presenta le sue criticità:

1. Le probabilità di ricevere una opposizione alla registrazione aumentano.
   In questa tipologia di registrazione gli elementi di possibile confusione con marchi già registrati sono maggiori, dovendosi considerare oltre al nome anche le forme, i disegni, i colori ed i simboli.
2. Rende più insidioso il rischio di rigetto della domanda per carenza di carattere distintivo.
   Dal momento che non basta dare una particolare stilizzazione grafica ad una parola per renderla "distintiva", aumenta il rischio di scegliere inconsapevolmente un Marchio non registrabile.

Proprio per questa incomprensione, spesso chi presenta una domanda di registrazione per dei loghi stilizzati, o meno, sottovaluta l'importanza del Carattere Distintivo, ritenendo che arricchire il Brand con forme e disegni particolari basti a camuffare il fatto che esso rievoca i prodotti o servizi cui è legato.

Attenzione: la domanda di registrazione di un Logo Figurativo che richiami espressamente i prodotti o i servizi cui è collegato, corre il serio rischio di venire respinta dall'Ufficio.

Per ridurre al minimo il rischio di veder respinta la tua domanda di registrazione e quello di ricevere un'opposizione contro di essa, devi affidarti a professionisti del settore in grado di svolgere una ricerca di anteriorità "ad ampio raggio" che comprenda tutti gli elementi di cui il Marchio si compone.

## Il Marchio Misto

Molto spesso accade che un Marchio sia una commistione di elementi, che comprenda cioè sia una scritta sia attributi grafici come simboli, colori e loghi.

In questi casi è possibile effettuare la registrazione di un Marchio Misto o di un Marchio Complesso.

Prova ad immaginare che il tuo Brand sia costituito da un nome scritto con un font esclusivo o in colori ben definiti (ad es. "Ferrarelle") oppure poniamo il caso che la parola sia sempre accompagnata da un particolare simbolo (come nel caso della "Barilla").

In questi casi è opportuno registrare un Marchio Misto detto anche "Marchio Figurativo con elementi verbali".

In sintesi, possiamo dire che con il Marchio Misto a ricevere tutela è la peculiare rappresentazione grafica del nome.

Questo, però, non significa che ai tuoi concorrenti è concesso l'utilizzo di quello stesso nome solo perché raffigurato in modo differente, anzi.

Il Marchio Misto tutela al contempo ed in egual misura tanto la parola in sé, quanto la sua specifica rappresentazione grafica (Ferrarelle) o la parola in sé in combinazione con il simbolo (Barilla).

**Esempi di Logo "Misto" o "Complesso"**

Ancora una volta degli esempi loghi Misti o Complessi aiuteranno a comprendere quanto espresso fin qui:

## ARRICCHIRSI CON IL MARCHIO REGISTRATO

Quelli appena elencati sono Marchi composti da un elemento principale (il nome) accompagnato da degli ulteriori elementi grafici, che li caratterizzano e li rendono inconfondibili.

Come avrai ormai capito, tutte le grandi aziende di successo hanno registrato i loro Marchi più volte, con diverse tipologie di registrazioni, in questo modo:

1. prima tutelando singolarmente ogni singolo elemento del loro Brand (il nome come Denominativo, il Logo come Figurativo);
2. poi aggiungendo una ulteriore tutela generale che li comprendesse tutti assieme (il Marchio Misto o Complesso che vedi negli esempi qui sopra).

Questa strategia di registrazione, definita "ad ampio spettro", consente di operare sul mercato con la sicurezza di aver tutelato sotto ogni aspetto gli elementi fondamentali della propria Brand Identity.

Questa è la potenza di una registrazione Mista o Complessa ed ecco perché è fondamentale che venga registrato.

## La Sottile Differenza tra Misto e Complesso

Queste due tipologie di Marchi sono così simili da poter essere considerati sinonimi l'uno dall'altro ma non sono la stessa cosa.

Nel nostro paese, l'unico modo per registrare come Marchio un segno grafico composto di scritte e simboli è la registrazione figurativa contenente elementi verbali (o denominativi).

Questa particolare categoria di Marchio prende il nome di Marchio Complesso.

Quello definito Complesso è il segno risultante dalla composizione di diversi elementi ciascuno con una sua capacità distintiva, ma di cui solo uno costituisce il "cuore" del Marchio (anche detto in inglese "core").

Il cuore (o core) del Marchio Complesso è l'elemento dotato di maggior capacità distintiva e, di conseguenza, gode di una tutela più forte rispetto agli altri elementi che compongono il Marchio Complesso.

## Differenza Marchio Complesso e Marchio d'Insieme

La differenza tra le due è così ampia e profonda da non consentire alcuna confusione tra i due istituti giuridici.

Come detto quello Complesso è il risultato dell'unione di segni di varia natura, tutti dotati di autonoma capacità distintiva che, associati tra loro, concorrono a creare un singolo Marchio che li comprende tutti insieme.

Il Marchio d'Insieme è il risultato dell'unione di una serie di segni distintivi di cui nessuno dotato di autonoma capacità distintiva che acquistano dignità di "Marchio" solo ed in quanto raffigurati tutti insieme e specificamente riferiti ad una singola categoria di prodotti o servizi.

## Vantaggi del Marchio Misto o Complesso

Perché scegliere questi tipi di logo Misto o Complesso?

In primo luogo questa tipologia di registrazione rispetta già in partenza quanto richiesto in merito al Carattere Distintivo del Marchio, in secondo luogo potrebbe essere scelta per molte ragioni:

- Risparmio economico: se la tua azienda non può investire molto nella tutela della propria Brand Identity, la scelta del Marchio Misto o Complesso ti consente con una sola spesa, di registrare sia il nome del Brand che gli eventuali elementi grafici che lo compongono (simboli, colori);
- Maggiore riconoscibilità: quando un Marchio è composto da più elementi è sempre più facilmente riconoscibile da parte del pubblico, soprattutto se si parla di un Marchio da poco comparso sul mercato, che ancora non è diventato "familiare" per la sua clientela;
- Maggiore effetto di credibilità: quando un Marchio è composto da più elementi, il pubblico percepisce in modo evidente che dietro di esso vi siano ricerca, studio e l'intervento di grafici ed esperti di marketing. Questo induce il pubblico a ritenere quel Brand più "credibile" e "solido".

I vantaggi di un Marchio Misto (o Complesso) sono ben di più di quelli elencati, ma per gli scopi di questo approfondimento è sufficiente fermarne qui l'elencazione.

## Criticità del Marchio Misto o Complesso

Nonostante i vantaggi offerti dalla sua "doppia tutela" di cui abbiamo parlato, il segno distintivo Misto o Complesso presenta anche delle rilevanti criticità.

Prima di entrare nel dettaglio di tali criticità, è però necessario spiegare cosa si intende per "ampiezza della tutela offerta dalla registrazione" poiché tale nozione è molto rilevante per questa trattazione.

Prova ad immaginare il tuo Marchio Registrato come un sole da cui si irradiano dei raggi: il sole rappresenta la tutela che la registrazione offre nei confronti di Marchi identici al tuo, mentre i raggi che lo circondano, impediscono a Marchi simili di avvicinarsi troppo.

Possiamo dire che più la tutela della registrazione è "ampia", più i raggi arrivano lontano e, quindi, per i tuoi concorrenti sarà più difficile avvicinarsi al tuo Marchio Registrato senza incorrere in una contraffazione.

Adesso sai a cosa ci riferiamo se ti diciamo che la tutela offerta da una registrazione di Marchio Misto o Complesso ha una potenza ed un'ampiezza di gran lunga inferiori rispetto a quelle delle altre tipologie registrazioni elencate sopra.

Per chiarire:

- la registrazione denominativa protegge la componente verbale in modo più ampio rispetto ad una Mista: se con

il primo una semplice modifica di qualche lettera non basterebbe ad evitare la contraffazione, con il secondo ciò potrebbe bastare ad evitare una condanna;
- Il logo figurativo protegge la componente grafica in modo più ampio di quello Misto, nonostante il secondo protegga sia la parola che la sua grafica, si potrà evitare la contraffazione semplicemente modificando leggermente le parole ed il disegno.

Nel caso di registrazione Mista o Complessa devi sempre rivolgerti a professionisti del settore in grado di aiutarti a valutare se è il caso di:

- affidarti ad una tipologia di registrazione che offre una tutela così poco ampia;
- optare per una registrazione nazionale;
- valutare una registrazione comunitaria del tuo Brand

# I Marchi dell'Innovazione: un Piede nel Futuro

Queste tipologie di Marchi sono le **registrazioni di segni distintivi atipici e peculiari**, diversi da quelli canonicamente utilizzati per identificare prodotti o servizi.

Pur avendo nature molto differenti tra loro, sono tutti dotati di **carattere distintivo** forte abbastanza da poter rappresentare in modo univoco i prodotti o i servizi dei loro titolari.

### Perché Prendono Questo Nome

La definizione "Marchio non convenzionale" nasce proprio dall'esigenza di distinguere questi istituti giudici di nuova creazione dai canonici Marchi Figurativi e Denominativi che erano già conosciuti e disciplinati dall'ordinamento giuridico e venivano da sempre utilizzati sul mercato.

Per cui, quando recentemente i segni atipici sono stati introdotti, si è scelto di definire "marchi convenzionali" o "tipici" quelli già conosciuti ed utilizzati e, di conseguenza, come "non convenzionali" o "atipici" quelli di nuova introduzione.

### Quando Sono Stati Introdotti Questi Tipi di Marchi

- **Nel diritto dell'Unione Europea (UE)** queste nuove tipologie di registrazioni sono state introdotte il 23 marzo 2016, data in cui è entrato in vigore il Regolamento UE n. 2424 del 2015;

- **In Italia** sono stati introdotti e disciplinati con il Decreto Legislativo n. 15 del 20.02.2019 entrato in vigore il 23.03.2019.

## I Marchi Atipici Sono Registrabili?

**Si, essi sono registrabili** sia a livello nazionale che dell'Unione Europea, a patto che presentino **due requisiti imprescindibili**:

1. che siano dotati di **Carattere Distintivo**;
2. siano **rappresentabili nel Registro dei Marchi**.

Per la storia e la diffusione dei Marchi non Convenzionali è stata particolarmente rilevante la seconda condizione che, in origine, aveva una formulazione ben più stringente, prescrivendo che i segni distintivi fossero *"rappresentabili graficamente"* nel Registro dei Marchi.

Oggi è possibile ottenere la registrazione di un segno distintivo non canonico come Marchio non convenzionale sia in Italia che a livello Europeo, ma la procedura per tali registrazioni è particolarmente complessa, pertanto evita il "fai da te" e fatti affiancare da professionisti del settore.

## Storia del Marchio Atipico: il Problema della "Rappresentabilità Grafica" ed I Criteri di Siekmann

A causa dell'originaria formulazione della norma, quasi tutte le domande di registrazione di segni distintivi non tradizionali/canonici venivano rifiutate dall'Ufficio Europeo della Proprietà Intellettuale (EUIPO) **perché non "rappresentabili graficamente"**.

La formulazione originaria della norma, ha costituito l'ostacolo principale al diffondersi dell'uso dei Marchi non convenzionali, e ciò perché è impossibile "rappresentare graficamente" qualcosa come un odore, un suono o una forma.

Tieni presente che la dicitura "**rappresentabile graficamente**" implica che il segno distintivo sia "**percepibile visivamente**" il che comporta l'impossibilità di registrare come Marchio tutto ciò che non è percepibile attraverso la vista come, ad esempio, un *jingle*.

A questo problema ha cercato di porre rimedio la **Corte di Giustizia Europea** che, con la **sentenza Siekmann**, fornì l'elenco degli elementi che un segno distintivo doveva avere per essere "**rappresentabile graficamente**" anche quando, per sua natura, non poteva essere "**percepibile con la vista**".

Questa decisione fu emessa nell'ambito del ricorso proposto dal sig. Siekmann che si era visto rifiutare la propria domanda di registrazione di un Marchio Olfattivo per la cui "rappresentazione grafica" aveva depositato la formula chimica dell'odore che intendeva registrare.

La sentenza in questione, pur confermando la decisione dell'EUIPO e negando al sig. Siekmann la sua registrazione, chiarì che poteva registrarsi anche il segno non percepibile visivamente, a patto che sussistessero questi 7 requisiti del Marchio:

1. Chiarezza;
2. Precisione;
3. Completezza;
4. Facile Accessibilità;
5. Intelligibilità;
6. Durevolezza;
7. Oggettività.

Questi sette criteri vennero conosciuti come "**i 7 criteri di Siekmann**" e funsero da bussola per chiunque intendesse registrare un Marchio non convenzionale nella Unione Europea fino a quando non venne introdotta la nuova norma.

### Perché Registrare un Marchio Atipico

Date le caratteristiche del marchio atipico, **questo può essere un portentoso strumento di marketing** dal momento che ha la capacità di sfruttare alcune peculiarità del cervello umano e suscitare un'immediata sensazione di familiarità nei confronti del Brand anche senza che il consumatore se ne renda conto.

Un chiaro esempio è dato dai *jingle* pubblicitari o dai profumi diffusi negli stores che vengono automaticamente memorizzati dal pubblico ed associati indissolubilmente al Brand, fino ad essere ricordati anche molti anni dopo che il Brand stesso ha cessato la propria attività.

### Quando Conviene Depositare un Marchio di Questo Tipo

Quando si ha nella propria disponibilità un forte elemento distintivo non canonico, che sia in grado di rendere riconoscibile il Brand per i consumatori e di cementare una sensazione di familiarità.

Si intende per "non canonico" ogni elemento differente dal nome e dal logo del Brand.

### Quali Sono i Marchi Non Convenzionali

Come abbiamo detto in apertura, quella che stiamo analizzando è una categoria aperta, nel senso che non esiste un numero chiuso e finito di segni non canonici, al contrario in futuro potrebbero essere individuate nuove tipologie di segni distintivi che andranno ad aggiungersi a questo elenco.

**Al momento in cui scriviamo sono annoverati tra i Non Convenzionali, il Marchio**:

1. Sonoro;
2. Olfattivo;
3. di Forma o Tridimensionale;
4. di Posizione;
5. di Colore;
6. di Movimento;
7. a Motivi Ripetuti;
8. Olografico;
9. Multimediale;

Analizziamoli tutti con ordine:

## Marchio Di Forma o Tridimensionale

Questa tipologia annovera al suo interno **i segni distintivi consistenti nella forma del prodotto.**

Attenzione: Non tutte le forme possono essere registrate in questa particolare categoria, infatti perché una specifica forma possa essere tutelata dalla registrazione, **deve presentare requisiti specifici.**

In particolare la forma da registrare non deve essere:

1. consueta;
2. arbitraria;
3. di fantasia;
4. Non può avere caratteristiche funzionali.

Il quarto requisito è insidioso ed è stato spesso motivo di rigetto della domanda di registrazione giacché, **se il prodotto ha una determinata forma per motivi funzionali, questa va tutelata attraverso il deposito di un brevetto o di un modello di utilità** e non attraverso la registrazione come logo.

Questo specifico limite è stato introdotto per via di una caratteristica della natura del marchio: l'avere una durata praticamente eterna, come abbiamo spiegato in precedenza.

Esempi di Marchio tridimensionale registrato, sono **le classiche bottiglie di vetro della Coca Cola o i Mattoncini della Lego**.

Registrare un Marchio di Forma rispetto ad un modello/design comporta, oltre alla tutela potenzialmente eterna di cui abbiamo detto, anche un altro importantissimo vantaggio: quello di agevolare l'onere probatorio in caso di contraffazione.

In pratica, se dovrai portare in Tribunale qualcuno che sta copiando l'esclusiva forma dei tuoi prodotti con un Marchio di Forma ti basterà dimostrare che i due prodotti sono confondibili agli occhi del **consumatore medio**.

Al contrario se disponi solo del deposito del design dovrai dimostrare che i prodotti sono confondibili agli occhi del **consumatore esperto** del tuo settore di mercato il che è incredibilmente più complicato!

## Marchio Di Colore

Il Marchio di Colore è un segno distintivo composto da **uno specifico colore o da una particolare combinazione cromatica** che non comprenda scritte o immagini di sorta.

Anche **il Marchio di Colore deve necessariamente essere dotato di Carattere Distintivo**, per cui non è possibile impedire ai concorrenti l'uso di un determinato colore o combinazione di colori con la semplice registrazione di un Marchio di colore.

La particolare combinazione cromatica dev'essere in grado di rendere immediatamente ed univocamente riconoscibile per i consumatori l'appartenenza ad un determinato Brand.

Essendo i colori in numero limitato è vietata la registrazione come Marchio di Colore dei "colori puri" detti anche "colori primari".

Ne consegue che è possibile ottenere questa registrazione **solo per particolari sfumature di colori** e solo a seguito di **un costante e copioso utilizzo** di quel colore ad opera di un determinato Brand (ad esempio "il rosso Valentino" o "il rosso Ferrari" o "il blu di Tiffany").

Altra significativa limitazione è quella per cui la registrazione di un Marchio di Colore è valida solo limitatamente ai prodotti tipicamente realizzati nel colore registrato come Marchio (cioè nessuno può impedirti di commercializzare una automobile di colore "blu Tiffany").

## Marchio A Motivi Ripetuti

Questa tipologia di Marchio ha come oggetto della propria tutela **la ripetizione sistematica di determinati elementi** così notoriamente utilizzata da aver acquisito la capacità di distinguere in modo univoco e distintivo l'azienda che ne è titolare.

Esempi tipici di Marchi a Motivi Ripetuti sono quelli registrati da Louis Vuitton o da Burberry.

## Marchio Olografico

Questa categoria di Marchi è stata introdotta il 01/10/2017 e tutela quei **segni distintivi costituiti da elementi dotati di effetto olografico**.

Rientrano in questa categoria quelle immagini in grado di generare una "illusione ottica" nel pubblico, come ad esempio una sensazione di tridimensionalità o di profondità dell'immagine.

Anche in questo caso è necessario che la domanda di registrazione sia accompagnata da un file multimediale in grado di mostrare all'Ufficio l'interezza dell'effetto olografico da registrare.

## Marchio Di Posizione

La registrazione di un Marchio di Posizione ha ad oggetto il punto esatto del prodotto ove viene apposto il logo dell'azienda che lo commercializza.

Tale definizione, però, non deve trarre in inganno: **anche il Marchio di Posizione deve avere carattere distintivo**.

Questo significa che non basta apporre il proprio Logo sempre nello stesso punto del prodotto per ottenerne un utilizzo esclusivo.

Ti basti considerare che quasi tutti i Brand di abbigliamento appongono i loro marchi negli stessi punti: per le polo sul pettorale sinistro, per le scarpe sui lati esterni di entrambi i piedi, per le cinture sulla fibbia e così via.

Ma allora quando il punto in cui si appone il proprio logo sul prodotto è registrabile come Marchio di Posizione?

A questo quesito ha risposto **la Corte di Giustizia Europea con la Sentenza del 22.06.2006** all'esito della causa C-25/05 P ove è stato stabilito che può essere registrato come Marchio di Posizione *"solo un marchio che si discosti in maniera significativa dalla norma o dagli usi del settore"*, così da svolgere la sua funzione senza perdere carattere distintivo.

Un esempio tipico di Marchio di Posizione è rappresentato dalla suola rossa delle scarpe dello stilista Christian Louboutin.

## Marchio Di Movimento

Il Marchio di Movimento è costituito dallo spostamento compiuto dagli elementi che compongono il Marchio, muovendosi dalla loro posizione iniziale, fino a giungere a quella finale, con in mezzo tutte le fasi intermedie.

Per meglio comprendere il concetto consideriamo un esempio: immagina l'accensione del tuo PC, il movimento che compie il **logo di Windows è un "Marchio di Movimento"**.

Lo stesso dicasi per il simbolo della Vodafone che vedi muoversi quando accendi lo smartphone, anche quello è un Marchio di Movimento.

Per ovvie ragioni, la registrazione di questi Marchi richiede necessariamente che venga depositato presso l'Ufficio un file multimediale, che consenta di visualizzare l'interezza del movimento compiuto dagli elementi che compongono il Marchio.

## Marchio Multimediale

Anche questa categoria di Marchi è stata introdotta in data 01/10/2017 e comprende al suo interno quei **segni distintivi che si compongono di una commistione di movimenti e suoni.**

Il Marchio Multimediale ha ad oggetto quelle raffigurazioni miste di movimenti e suoni tipiche dell'accensione di molti dispositivi elettronici.

Si potrebbe dire che il Marchio Multimediale nasce come una sorta di ibrido tra quello di Movimento e quello Sonoro (un po' come il Marchio Misto è un ibrido tra quello Denominativo e quello Figurativo).

## Le Chiavi del Successo del Marketing Sensoriale

Il Marketing Sensoriale è una disciplina emergente e rappresenta l'avanguardia in tema di pubblicità e Brand Identity, se intendi far si che la tua azienda resti competitiva anche in futuro è fondamentale che tu agisca per tempo, posizionandola già oggi in questo campo che diverrà presto un primario settore del Marketing.

Questa disciplina si concentra sul far utilizzare alle aziende i sensi delle persone per migliorare la propria Brand Identity e coinvolgere ed agganciare la clientela a un livello più profondo, diretto ed immediato.

Questa strategia di marketing si fonda sulle evidenze scientifiche che dimostrano come i sensi - vista, udito, olfatto, gusto e tatto - giocano un ruolo cruciale nel modo in cui noi esseri umani percepiamo e reagiamo al mondo intorno a noi e, quindi, ai marchi che ci circondano.

I due elementi fondanti del marketing sensoriale sono il **Marchio Olfattivo** ed il **Marchio Sonoro** cioè all'utilizzo di un aroma specifico o di una melodia distintiva da far abbinare così intrinsecamente al proprio Brand da far scattare nei clienti un'associazione immediata tra quello stimolo sensoriale ed un determinato Brand, veicolando al contempo delle sensazioni positive nella mente dei consumatori.

Tuttavia, sia il Marchio Olfattivo che il Marchio Sonoro presentano sfide uniche, poiché essi non sono immediatamente rappresentabili graficamente, infatti mentre un logo può essere facilmente visualizzato e rappresentato, un odore o un suono richiedono un'esperienza diretta.

Questo rende la registrazione e la protezione di questi tipi di marchi un territorio complesso e in continua evoluzione nel campo del diritto di proprietà intellettuale.

In definitiva il marketing sensoriale offre un modo innovativo e coinvolgente per le aziende di creare un legame più profondo con i loro clienti attraverso l'uso strategico di Marchi Olfattivi e Sonori, i quali possono arricchire la customer experience, stimolando la memoria e fidelizzando la clientela ad un livello che nessun altro tipo di pubblicità può eguagliare, pertanto è fondamentale investire in questa tipologia di marketing per distinguersi in un mercato sempre più ampio ed affollato.

## Marchio Olfattivo

L'olfatto è uno dei sensi più sviluppati nell'essere umano (si stima che un adulto sia in grado di memorizzare fino a diecimila odori diversi), inoltre si è scoperto che quello olfattivo è lo stimolo che maggiormente sollecita le aree del cervello preposte a gestire le emozioni e la memoria.

Pertanto appare evidente il perché sia il **"Marketing Olfattivo"** o *"Scent Branding"* a svolgere la parte del leone all'interno del **Marketing Sensoriale**, la nuova frontiera del mercato.

In particolare lo *smell branding* è molto utilizzato nel settore della *hospitality* (hotel, B&B, case vacanza) e nei punti vendita di abbigliamento, entrambi luoghi in cui la *customer experience* è fortemente influenzata dagli stimoli che non ci accorgiamo di percepire, come i suoni, l'illuminazione e, soprattutto, gli odori.

Tieni presente, poi, che l'odore tipico di determinati prodotti può scatenare nei consumatori dei ricordi o delle sensazioni piacevoli che incideranno sicuramente sulle scelte d'acquisto (immagina di aprire un barattolo di crema spalmabile alle nocciole e sentire "l'odore della Nutella").

Per questa ragione sempre più aziende stanno registrando gli odori caratteristici dei loro hotel, *stores* o dei loro prodotti: impedire alla concorrenza di sfruttare illegittimamente quell'effetto di familiarità che tali odori possono scatenare nella clientela.

## Marchio Sonoro

Può essere costituito da una composizione musicale (più o meno complessa) o **anche da un singolo suono** purché dotati di un **carattere distintivo** sufficiente a identificare in modo chiaro ed univoco per il pubblico, i prodotti o i servizi offerti da chi ne è titolare, distinguendoli da quelli della concorrenza.

Da quando è stata introdotta la possibilità di registrare questa specifica categoria, sono state registrate varie tipologie di segni sonori, come ad esempio:

- la nota suoneria dei cellulari prodotti dalla Nokia;
- la breve composizione di note che si sente all'avvio di Windows;
- lo specifico ruggito di leone che si sente all'inizio delle pellicole della Metro Goldwyn Mayer;
- il suono del respiro di Darth Vader, il personaggio dei film di Guerre Stellari.

Sicuramente tutti i suoni descritti negli esempi precedenti hanno risuonato nella tua mente nel momento in cui ne stavi leggendo l'elenco ed è proprio questo il potere del "**Sound Branding**" o "**Marketing Sonoro**", uno dei pilastri della scienza che prende il nome di "**Marketing Sensoriale**".

## La Procedura di Registrazione: dal Deposito della Domanda al Certificato di Registrazione

Arrivati a questo punto della trattazione riteniamo opportuno che tu conosca la procedura con cui vengono registrati i marchi, dei tempi necessari ad ottenere la certificazione, delle modalità di presentazione della domanda ecc.

Chiariamo subito che che tutto ciò che riguarda la procedura di registrazione del marchio dalla presentazione della domanda fino al rilascio del certificato è comune ed identica in tutti i 193 stati esistenti al mondo ed appartenenti alla WIPO.

Per cui che tu voglia registrare un marchio nazionale, europeo o internazionale la procedura che dovrai seguire resta sempre e comunque questa, con la sola differenza della lingua in cui presentare la domanda che sarà quella del paese da te scelto.

In estrema sintesi possiamo ridurre l'intera procedura in 4 fasi:

1. Presentazione della domanda;
2. Valutazione circa l'ammissibilità;
3. Pubblicazione della domanda;
4. Emissione del certificato.

## Presentazione della Domanda

Chi intenda registrare un marchio deve presentare domanda all'Ufficio dei Marchi dello stato in cui intende ottenere il diritto di utilizzo esclusivo del segno, fermo restando che in alcuni casi (USA e UE) esistono Uffici competenti per più Stati.

La domanda può essere presentata in diverse modalità, tutte chiaramente elencate sul sito dell'Ufficio competente ma la più comoda e rapida al giorno d'oggi è la presentazione online, accettata, senza eccezioni, in tutti gli Stati.

Il modulo di presentazione della domanda di registrazione è anch'esso reperibile sul sito Ufficiale di ogni Organo competente alla registrazione e va compilato in ogni suo aspetto, chiaramente nella lingua dell'Ufficio in questione.

La domanda può essere presentata nei giorni e negli orari fissati dall'Ufficio - tendenzialmente nei giorni lavorativi dal lunedì al venerdì e nei convenzionali orari d'ufficio - e verrà lavorata secondo le disponibilità dal personale.

Ovviamente fa eccezione la presentazione online, che può avvenire in qualunque momento ma verrà comunque lavorata solo nella prima data utile di lavoro in base alle disponibilità dell'Ufficio e delle normative sul lavoro dello specifico Stato.

A seconda dell'Ufficio i dati da inserire nella domanda possono variare ma, in linea di massima, essi comprendono sempre:

- Dati identificativi del soggetto che sarà titolare del Marchio;
- Rappresentazione e descrizione del segno da registrare;
- Tipologia di registrazione che s'intende ottenere;
- Indicazione delle classi merceologiche rivendicate.

## Valutazione dell'Ammissibilità

Ricevuta la domanda di registrazione l'Ufficio competente ad effettuare la registrazione svolge i necessari accertamenti preventivi, necessari a sincerarsi che il segno distintivo indicato nel modulo sia effettivamente registrabile.

In questo screening preliminare l'Ufficio si occupa di accertare che sussistano i requisiti oggettivi e soggettivi all'ottenimento della registrazione, cioè che, sia il segno in sé che il soggetto richiedente, siano dotati di quanto richiesto dalla legge.

Abbiamo spiegato in altri capitoli quali sono i requisiti necessari alla registrazione, per cui qui ci limiteremo a dirti che l'ufficio si accerta che:

1. Siano state interamente versate le tasse ed i bolli richiesti dallo Stato per la registrazione.

2. Il segno sia dotato di carattere distintivo, cioè che non sia una mera raffigurazione del prodotto/servizio che contraddistingue.
3. Il marchio non sia contrario al buon costume o alla legge né inciti alla violenza o all'odio.
4. La domanda di registrazione sia stata completamente e correttamente compilata in ogni sua parte.

In caso di violazione dei punti 1 e 4 l'Ufficio provvede a richiedere integrazione documentale pena inammissibilità della domanda, mentre in caso di violazione dei punti 2 e 3 rigetta direttamente la domanda, trattenendo quanto versato in tasse.

**Attenzione**: è bene ricordare che **l'Ufficio non effettua controlli in merito sulla novità del marchio**, ossia non ti comunica se sono già stati depositati Marchi identici o simili a quello che intendi registrare. Questa è una verifica che spetta fare a te in qualità di richiedente ed è in assoluto la più ostica, soprattutto se intendi farla in autonomia senza rivolgerti a professionisti competenti. Affronteremo in dettaglio questa tematica nel capitolo successivo.

## Pubblicazione della Domanda

Una svolti gli accertamenti preliminari, se la domanda supera il vaglio dell'Ufficio, quest'ultimo provvede a pubblicare la domanda nel suo bollettino Ufficiale dei Marchi così da consentire a chiunque di presentare eventuali opposizioni.

Grazie a questo regime di pubblicità l'Ufficio si libera dall'improbo onere di accertare che il marchio di cui è stata chiesta la registrazione non sia già stato registrato da altri, ribaltando tale verifica in capo ai titolari di marchio registrato.

In pratica l'Ufficio dei Marchi si comporta esattamente come il prete sull'altare durante i matrimoni, quando chiede ai presenti *"se qualcuno conosce un motivo per cui questa unione non debba celebrarsi, parli ora o taccia per sempre"*.

Allo stesso modo, con la pubblicazione sul bollettino ufficiale l'Ufficio avverte chiunque che è stata richiesta la registrazione di un determinato segno, consentendo a tutti di presentare una eventuale opposizione contro detta domanda di registrazione.

Non esiste un numero fisso annuale di bollettini giacché esso cambia a seconda del numero di domande di registrazione presentate in un lasso di tempo, pertanto è ben possibile avere un numero diverso di bollettini ogni mese.

Dal momento della pubblicazione la domanda di registrazione entra in un periodo di "vacatio" di 3 mesi durante i quali essa viene congelata in attesa che qualcuno presenti eventuali opposizioni.

Se durante i tre mesi viene presentata una o più opposizioni si apre il procedimento che abbiamo descritto nell'apposito capitolo, in caso invece non ne venga presentata nessuna la domanda si considera accolta e il marchio viene registrato.

## Emissione del Certificato

L'ultima fase del processo di registrazione ha luogo una volta completato l'iter descritto nei precedenti tre punti (e risolti gli eventuali giudizi di opposizione, con i tempi ed i modi descritti nel capitolo apposito).

Tale fase prevede l'emissione e la consegna del certificato ufficiale di titolarità del marchio registrato emesso dall'Ufficio Italiano Brevetti e Marchi in nome e per conto del Ministero dello Sviluppo Economico.

Il certificato viene emesso in formato digitale (PDF) con attestazione di conformità all'originale cartaceo custodito presso gli archivi dell'UIBM, e viene consegnato al titolare o all'intermediario che ne ha depositato la domanda.

Il certificato reca l'indicazione del titolare del marchio, una chiara rappresentazione grafica del segno registrato, l'indicazione delle classi rivendicate ed eventuali specifiche delimitazioni, ed infine una descrizione scritta del marchio.

Il possesso fisico del certificato non ha carattere costitutivo ma solo pubblicitario, cioè non è necessario possedere il certificato per essere titolari della registrazione, ma averlo ha valore di prova certa dell'effettiva titolarità sul segno registrato.

In breve: i diritti ed i poteri derivanti dalla registrazione sorgono quando il nome del titolare viene iscritto nel registro dei marchi con il segno rivendicato ed è quella iscrizione a fare fede, non il certificato, che è solo prova dell'esistenza di detta iscrizione.

# Capitolo 4
# L'Opposizione alla Registrazione: Killer Invisibile di Brand

E' un procedimento amministrativo, non giudiziale, con cui un soggetto già titolare di un Marchio (opponente) contesta la domanda di registrazione di un Marchio di qualcun altro (opposto), per via della identicità/eccessiva similarità del nuovo Marchio con quello di cui è titolare.

Si può presentare opposizione avverso l'intera domanda di registrazione oppure solo parte di essa, è possibile cioè opporsi alla registrazione del Marchio in sé o contestare solo alcune delle classi di Nizza rivendicate nella domanda di registrazione (opposizione parziale).

Grazie alla armonizzazione delle discipline nazionali in materia di Proprietà Intellettuale promossa dalla Unione Europea, il procedimento di opposizione in Italia è organizzato in modo identico a quello di opposizione alla registrazione di Marchio dell'Unione Europea (MUE), disciplinato dall'articolo 8 del Regolamento UE 2017/1001.

L'Ufficio competente a decidere sul giudizio di opposizione è lo stesso presso cui è stata presentata la domanda di registrazione del Marchio (UIBM per i Marchi Italiani, EUIPO per quelli Europei)

In caso l'Ufficio concordasse con le tesi della parte opponente il Marchio non verrà registrato, mentre nel caso contrario la registrazione avverrà regolarmente dopo la chiusura del procedimento di opposizione.

## Chi Può Presentare Opposizione

E' legittimato a proporre opposizione alla registrazione di un Marchio chiunque sia titolare di un Marchio registrato (o anche solo depositato) nel territorio per cui è stata presentata la domanda di registrazione cui intende opporsi.

In particolare si può presentare opposizione alla registrazione di un Marchio purché si sia:

- Titolari di un Marchio Italiano o Europeo;
- Licenziatari con diritto di esclusiva all'uso di un Marchio Italiano o Europeo;
- Intestatari di Marchio registrato o in fase di registrazione in un paese UE;
- Proprietari di un Marchio Internazionale protetto nell'Unione Europea o in uno qualunque dei Paesi UE.

Vi sono due casi eccezionali in cui si può presentare opposizione alla registrazione senza essere titolari di un Marchio:

1. Se si sta registrando come Marchio il nome proprio di qualcun altro, questi può opporvisi, ma solo a condizione che il Marchio leda la propria fama, la reputazione o sia offensivo del proprio decoro;

2. Qualora il Marchio di cui si sta chiedendo la registrazione è già l'emblema, il simbolo o il nome di una manifestazione di un'associazione senza scopo di lucro, quest'ultima può presentare opposizione.

Il titolare di un Marchio non registrato (Marchio di fatto) può proporre opposizione solo a patto di dimostrare che il proprio Marchio non registrato era già notoriamente diffuso ed utilizzato in ambito non locale prima che venisse presentata la domanda di registrazione opposta.

## Le Ragioni Commerciali per Presentarla

Il motivo principale per cui chi è titolare di un Marchio registrato si oppone alla registrazione di un Marchio altrui è evitare che questo nuovo Marchio, identico o comunque troppo simile al proprio, possa danneggiare gravemente il proprio Brand.

I modi in cui ciò potrebbe accadere sono sostanzialmente tre:

1. **Sottrazione di clientela**: vedendo un Marchio del tutto identico a quello che già conoscono, i consumatori potrebbero acquistare, in totale buona fede, le merci del nuovo produttore e non quelle "originali";
2. **Sviamento di clientela**: un Marchio simile a quello già conosciuto potrebbe confondere i consumatori che ne

acquisterebbero i prodotti ritenendo che provengano da qualcuno direttamente collegato al Brand "originale";

3. **Rovinare la reputazione**: in caso qualcuno apponga sui propri prodotti di scarsa qualità un Marchio simile o identico a quello del Brand conosciuto, i consumatori potrebbero farsi un'opinione negativa di quell'azienda senza rendersi conto che il produttore è in realtà differente.

Per questi motivi in un atto di opposizione va fornita, oltre alla prova dell'eccessiva somiglianza del Marchio opposto con quello dell'opponente, anche la dimostrazione che i prodotti e/o servizi indicati nella domanda di registrazione opposta sono identici o affini a quelli offerti dal Marchio opponente.

Nessuno degli Uffici preposti alla tenuta dei Pubblici Registri dei Marchi (UIBM, EUIPO) svolge una ricerca in merito alla disponibilità del Marchio da registrare.

Hai capito bene: **nessun controllo** viene svolto dagli Uffici in merito alla disponibilità del Marchio che si chiede di registrare, il che comporta **due importantissime conseguenze**:

1. Nessuno ti avverte se il Marchio per cui presenti la domanda di registrazione è "disponibile" o se è uguale/simile ad uno già registrato da qualcun altro;

2. Nulla impedirà a terzi di registrare un Marchio identico o simile a quello di cui sei titolare se non sarai tu a presentare opposizione tempestivamente.

Tale organizzazione può sembrarti illogica ma acquisisce molto senso se consideri che esistono due interessi, tra loro contrastanti, ugualmente meritevoli di essere tutelati:

1. Da un lato abbiamo gli utenti dell'Ufficio che hanno interesse ad evitare di registrare un Marchio simile a quello di qualcun altro o, nel caso opposto, ad impedire che altri registrino un Marchio simile al proprio;
2. Dall'altro lato abbiamo gli Uffici il cui lavoro si bloccherebbe ove dovessero controllare, per ogni domanda di registrazione ricevuta, se tra i milioni di Marchi già registrati ve ne siano di identici o simili ed avvertire chi ne è titolare della nuova domanda di registrazione.

Si potrebbe poi aggiungere che, magari, chi è titolare del Marchio già registrato non è reperibile/raggiungibile o, magari, non ha nessun interesse a tutelare un Marchio che ha registrato anni fa, per un'attività che non svolge più.

Per venire incontro a questi due interessi è stato introdotto il sistema dell'opposizione, con cui chi è titolare di un Marchio registrato o depositato può chiedere che venga respinta una nuova domanda di registrazione, a patto di averne un interesse concreto.

In questo sistema è il titolare di un Marchio a dover verificare se viene presentata una domanda di registrazione per un Marchio identico o simile al proprio, controllando personalmente il Bollettino Ufficiale dei Marchi o rivolgendosi a dei professionisti in grado di offrire tale servizio.

Allo stesso modo è onere di chi intende registrare un Marchio sincerarsi che non ne sia stato già registrato uno identico o molto simile, attraverso una ricerca di anteriorità che può svolgere personalmente o con l'aiuto di professionisti dedicati.

## I Presupposti Giuridici per Presentarla

I motivi per proporre opposizione alla registrazione di un Marchio sono:

1. Quando il Marchio opponente è identico a quello opposto ed è utilizzato per commercializzare prodotti o servizi identici o affini a quelli indicati nella domanda di registrazione opposta;
2. Il Marchio opponente è identico o simile a quello opposto ed i due sono utilizzati per prodotti e servizi

talmente simili da poter indurre i consumatori a confondere i due Brand;
3. Se i due Marchi sono identici o simili e, pur identificando prodotti e servizi diversi, la pregressa notorietà di quello opponente è tale da costituire un ingiusto vantaggio per quello opposto;
4. Nel caso in cui il Marchio opposto è identico ad un antecedente Marchio non registrato ma notorio ed utilizzato non solo localmente.

## Pro e Contro di un'Opposizione Rispetto all'Azione Giudiziale

Il procedimento di opposizione mira ad ottenere lo stesso risultato che si avrebbe proponendo una domanda di nullità del Marchio innanzi al Tribunale ordinario: impedire all'opposto di danneggiare gli affari dell'opponente registrando un Marchio eccessivamente somigliante al suo.

Quali sono i Pro ed i Contro del procedimento di opposizione rispetto a quello giudiziale?

**I vantaggi della procedura di opposizione** rispetto ad una domanda giudiziale in Tribunale sono:

1. I tempi per ottenere una decisione sono sensibilmente più brevi;
2. Il costo è molto inferiore rispetto a quello di un procedimento innanzi al Tribunale.

**Gli svantaggi della procedura di opposizione** rispetto all'azione giudiziale in Tribunale sono:

1. Con la procedura di opposizione non si può ottenere anche il risarcimento dei danni subiti né si può ottenere il ritiro della merce contraffatta dal mercato;

2. Può essere avviata esclusivamente nei 3 mesi dalla data di pubblicazione della domanda di registrazione.

**Attenzione:** Superati i 3 mesi dalla pubblicazione della domanda sul Bollettino Ufficiale dei Marchi, un Marchio diviene inopponibile. Devi tenere sempre sotto controllo il Bollettino Ufficiale dei Marchi e, se non puoi occupartene, devi affidare questo compito ad un professionista dedicato.

**Come Presentare Opposizione**

L'opposizione va presentata perentoriamente **entro e non oltre i 3 mesi dalla data di pubblicazione sul Bollettino Ufficiale di Marchi** della domanda di registrazione che si intende contestare.

Deve essere depositata in forma scritta presso l'Ufficio ove pende la domanda di registrazione che viene contestata e deve contenere necessariamente l'indicazione del Marchio che sarebbe leso dalla registrazione nonché, ovviamente, quella del Marchio potenzialmente lesivo.

Nell'atto di opposizione devono essere compiutamente analizzate tutte le motivazioni per cui si contesta la domanda di registrazione e devono essere elencati e dimostrati i titoli in forza dei quali si sta presentando l'opposizione.

Possono venire allegate all'atto di opposizione alla registrazione anche tutte le fonti di prova che l'opponente ritiene opportuno/necessario trasmettere all'Ufficio.

L'opponente può contestare l'intera registrazione o ridurla ad alcuni tra i prodotti o servizi indicati nella domanda di registrazione, chiedendo che questa venga limitata.

Al momento del deposito dell'opposizione **è richiesto il pagamento delle "tasse di opposizione"** che assommano:

- In caso di opposizione a Marchio Italiano €250
- Per l'opposizione a Marchio dell'Unione Europea € 320.

# Procedimento di Opposizione: Le 5 fasi

## FASE I - Deposito dell'Atto di Opposizione alla Registrazione

L'opposizione alla registrazione si considera avviata nel momento del deposito dell'atto di opposizione presso la cancelleria dell'Ufficio presso cui è stata presentata la domanda di registrazione oggetto dell'opposizione.

Ricorda che l'istanza di opposizione deve essere perentoriamente **presentata entro i 3 mesi** dalla data di pubblicazione del Marchio opposto sul Bollettino Ufficiale dei Marchi, che viene redatto e pubblicato dall'Ufficio cui è stata presentata la domanda di registrazione.

Il deposito dell'istanza può avvenire in tre modi:

1. Consegnata a mano presso il protocollo dell'Ufficio;
2. Spedizione con raccomandata A/R;
3. Deposito online (se si è registrati ed autorizzati al deposito).

Qualora ritieni di non avvalerti della collaborazione di un professionista per la redazione dell'istanza di opposizione alla registrazione puoi, a tuo rischio e pericolo, utilizzare il modulo standard predisposto dall'UIBM e provvedere personalmente al suo tempestivo deposito.

In ogni caso l'istanza di opposizione deve necessariamente indicare:

1. I dati identificativi di chi propone l'opposizione alla registrazione;
2. Quelli di chi riceve l'opposizione;
3. Gli estremi del Marchio anteriore posto a fondamento dell'opposizione;
4. I dati identificativi del Marchio opposto;
5. I motivi per cui l'opposizione alla registrazione viene proposta;
6. Le classi di Nizza e/o i prodotti o servizi per cui è proposta l'opposizione.

## FASE II – Esame sull'Ammissibilità dell'Opposizione alla Registrazione

Ricevuta l'istanza l'Ufficio verifica che essa contenga i requisiti formali previsti dalla legge e:

- Se riscontra che l'opposizione alla registrazione è correttamente compilata, la notifica all'opposto entro i successivi due mesi;

- In caso contrario, se i requisiti necessari non risultano soddisfatti, dichiara l'opposizione alla registrazione inammissibile, concludendo la procedura.

**Attenzione:** In caso di dichiarazione di inammissibilità la registrazione del Marchio che intendevi opporre andrà avanti fino a perfezionarsi e non ti verranno neanche restituite le "tasse di opposizione", anche per questa ragione ti sconsigliamo assolutamente il "fai da te".

## FASE III - Cooling Off: Meglio un Cattivo Accordo che una Sconfitta

Contestualmente alla notifica dell'istanza di opposizione, l'Ufficio comunica al titolare del Marchio opposto anche l'inizio di **un periodo di 2 mesi denominato *"Cooling Off"*,** durante il quale le parti sono invitate a cercare un accordo bonario.

Durante il *cooling off* l'opposto può:

- Ritirare la domanda di registrazione;
- Limitarla, escludendo alcune classi di Nizza tra quelle selezionate o determinati prodotti e servizi all'interno delle classi selezionate.

Se le parti ne fanno domanda congiuntamente, l'Ufficio può estendere il Cooling Off oltre i due mesi, consentendo che le trattative proseguano per il tempo necessario.

Nel caso le parti trovino una soluzione, lo comunicano all'Ufficio che procede alla registrazione del Marchio.

Trovare un accordo in questa delicatissima fase è la scelta migliore per **limitare i costi dell'opposizione ed evitare il rischio di una decisione sfavorevole**, per questo motivo devi evitare il "fai da te" e farti assistere da professionisti della mediazione contrattuale.

Qualora invece le parti non trovino un accordo, la procedura passa alla fase del contraddittorio.

## FASE IV - Giudizio in Contraddittorio e Richiesta della Prova d'Uso

Superato il periodo di Cooling Off, in assenza di un accordo bonario, all'opponente vengono concessi **2 mesi** per redigere e depositare le proprie memorie scritte, necessarie per argomentare in modo diffuso ed approfondito i motivi per cui ha presentato l'opposizione alla registrazione.

Ricevute le memorie dell'opponente, l'opposto avrà diritto ad **ulteriori 2 mesi** per redigere e depositare le proprie memorie di replica, in cui esporre all'Ufficio i motivi per cui dovrebbe rigettare l'opposizione alla registrazione e procedere a registrare del Marchio.

Quella della richiesta della **Prova d'Uso** è una strategia difensiva che può rivelarsi particolarmente efficace:

Se il Marchio di cui è titolare l'opponente è registrato **da più di 5 anni**, l'opposto può chiedere che ne venga fornita prova del concreto utilizzo in commercio.

All'opponente vengono concessi **60 giorni** per produrre documentazione idonea a dimostrare di aver utilizzato il Marchio registrato per contraddistinguere i prodotti o i servizi per i quali è stata proposta l'opposizione alla registrazione.

**In caso tale prova non venga fornita, l'opposizione alla registrazione viene immediatamente rigettata**.

Qualora invece la prova venga offerta solo per alcuni tra i prodotti o servizi per i quali è stata proposta l'opposizione, questa decadrà per tutti gli altri, trasformandosi in un'opposizione parziale.

Se la prova d'uso viene fornita, l'Ufficio procederà a decidere le sorti dell'opposizione alla registrazione in base alle argomentazioni fornite nelle memorie scritte delle parti.

## FASE V - Decisione dell'Opposizione

Terminata la fase del contraddittorio l'Ufficio emette la propria decisione, con cui può:

- Rigettare l'opposizione e procedere alla registrazione;
- Accogliere l'opposizione nella sua interezza e rifiutare la registrazione del Marchio;
- Accettare parzialmente l'opposizione e registrare il Marchio solo per alcuni prodotti o servizi.

L'Ufficio ha la facoltà di **condannare la parte sconfitta anche a rimborsare all'avversario tutte le spes**e dell'opposizione, compresi gli onorari degli avvocati coinvolti nel giudizio.

In ogni caso **la decisione dell'Ufficio arriva entro e non oltre i 24 mesi** dalla data di deposito dell'opposizione alla registrazione presso la cancelleria.

Tutte **le decisioni dell'Ufficio sono appellabili alla Commissione Ricorsi** che svolge il ruolo di corte d'appello del procedimento di opposizione alla registrazione e può, eventualmente, anche ribaltare quanto deciso in primo grado.

## Quanto Costa Proporre un'Opposizione

Il costo complessivo deve tenere conto delle tasse di opposizione, delle parcelle dei professionisti che seguono la pratica e, in caso di decisione sfavorevole con condanna alle spese, anche degli onorari dei professionisti ingaggiati dalla controparte.

In Italia un procedimento di opposizione ha un costo complessivo di **circa € 2.500,00**

Quindi, nel caso che l'Ufficio condanni anche al pagamento delle spese, **il costo può andare da € 0,00 a € 5.000,00** a seconda che si sia condannati a pagare per entrambi o a ricevere il rimborso delle proprie spese dalla controparte soccombente.

## Cosa Fare Quando Si Subisce un'Opposizione

Se hai effettuato una registrazione "fai da te", senza svolgere gli opportuni controlli di anteriorità, è molto probabile che qualcuno abbia proposto opposizione avverso la tua domanda di registrazione, cosa devi fare ora?

In primo luogo è fondamentale contattare subito un professionista specializzato in proprietà intellettuale, possibilmente un Avvocato abituato a tutelare i diritti dei propri clienti anche in ambito processuale, assicurandoti che sia esperto in diritto industriale.

In secondo luogo, sappi che anche se hai subito opposizione, non è ancora il momento di fasciarti la testa, anzi, a seconda dei casi un professionista saprà indicarti se sia preferibile:

- Approntare una difesa e resistere nel procedimento di opposizione alla registrazione;
- Rinunciare al Marchio e ritirare la domanda che hai presentato;
- Tentare di raggiungere un accordo con chi ha proposto l'opposizione;
- Modificare la domanda di registrazione rinunciando solo ad alcuni prodotti o servizi che magari per te sono superflui mentre per chi ha proposto l'opposizione sono fondamentali.

## Cosa Fare se sono Scaduti i Termini per Proporre Opposizione

Se non tieni sotto controllo costante il Bollettino Ufficiale dei Marchi relativo al territorio in cui hai registrato il tuo Marchio, può accaderti di scoprire che qualcuno ha registrato un Marchio pericoloso per il tuo quando è già troppo tardi per proporre opposizione alla registrazione.

In questo caso non disperare, perché è ancora possibile proporre una domanda di nullità della registrazione allo stesso Ufficio o impugnare quel Marchio innanzi il Tribunale ordinario e chiedere ad un Giudice di annullare la registrazione effettuata illegittimamente a tuo danno.

In quest'ultimo caso, trattandosi di un'azione giudiziale avrai necessariamente bisogno di assistenza legale per proporla e portarla avanti fino all'ottenimento dell'annullamento del Marchio registrato dal tuo concorrente, eventualmente comprensiva di un congruo risarcimento danni e ritiro della merce contraffatta dal mercato.

Anche se non esistono limiti temporali per proporre un'azione di nullità di un Marchio, questa ha costi e tempi decisamente superiori rispetto a quelli della procedura di opposizione.

L'unica soluzione per evitare questi inconvenienti e non dover avere il pensiero di controllare costantemente il Bollettino Ufficiale dei Marchi è quella di affidarti a dei professionisti che svolgano questi controlli per te e ti avvertano dei pericoli in tempo utile a proporre opposizione alla registrazione.

**Attenzione:** neanche la registrazione mette il tuo Marchio al sicuro da una causa per la nullità, per questo motivo sono fondamentali delle approfondite ricerche di anteriorità prima di procedere al deposito di una domanda di registrazione.

## Come Controllare se Qualcuno sta registrando un Marchio Uguale o Simile al Tuo

Una volta depositata una domanda di registrazione di Marchio, questa viene pubblicata sull'apposito Bollettino Ufficiale dei Marchi per dare la possibilità a tutti i titolari di un Marchio registrato di conoscere questo nuovo Marchio e, eventualmente, opporsi alla sua registrazione.

Dal momento che non è immaginabile che un imprenditore consumi il suo tempo a consultare tutti i bollettini marchi al mondo per cercare potenziali pericoli, la maggior parte dei professionisti del settore offre un apposito servizio di sorveglianza che garantisce la tutela del tuo Marchio.

**La Condanna alle Spese nel Procedimento di Opposizione**

Quello di opposizione è un procedimento amministrativo, quindi **non è possibile ottenere alcun risarcimento**, ma solo l'eventuale rimborso di tutte le spese affrontate per proporre l'opposizione alla registrazione.

Per ottenere un risarcimento devi necessariamente rivolgerti ad un Tribunale ordinario grazie all'aiuto di un Avvocato esperto di proprietà intellettuale e diritto industriale.

In aggiunta al risarcimento degli eventuali danni, con un procedimento in Tribunale puoi addirittura ottenere che il tuo competitor sia condannato a ritirare dal mercato tutta la merce contraffatta che ha già distribuito, il tutto a sue spese!

Attenzione però, i danni di cui chiedi il risarcimento devono essere necessariamente dimostrati, sia nella loro sussistenza che nel loro ammontare, per questo è necessario raccogliere tutte le prove idonee a dimostrare il pregiudizio subito, come un calo di fatturato o la perdita di quote di mercato.

**Exit Strategy: Ritirare la Domanda di Registrazione**
In questo caso **l'opposizione alla registrazione decade e perde ogni validità** ma tu non otterrai la registrazione e non ti saranno risarcite le tasse pagate per depositare la domanda di registrazione né altre eventuali spese che avrai sostenuto.

# Capitolo 5

# I Superpoteri di Chi Registra il Marchio

Intraprendere una qualunque attività in assenza di un progetto preciso è, nel migliore dei casi, una pessima idea, questo lo sai bene anche tu.

Se poi l'attività in questione è di natura imprenditoriale, allora vale il noto adagio americano: "*Se fallisci nella pianificazione stai pianificando il tuo fallimento*".

Nel mondo della proprietà intellettuale provare a depositare una domanda di registrazione senza aver svolto i necessari accertamenti preventivi equivale a giocare alla roulette russa con il futuro del tuo business!

Abbiamo già detto del rischio di beccare un'opposizione alla registrazione, di come funziona il procedimento amministrativo che ne consegue, di quanto potrebbe costarti e quante e quali conseguenze negative potrebbe avere per il tuo Brand.

Purtroppo, come abbiamo accennato nel capitolo precedente, anche se vengono superati i tre mesi in cui il tuo Marchio può essere opposto, una volta ottenuta la registrazione, i rischi sono tutt'altro che cessati e la tua mancanza di lungimiranza può ancora causare grossi guai!

Esistono molte azioni giudiziarie che possono essere intraprese successivamente alla registrazione del marchio in caso di contraffazione, conoscerle ti aiuterà sia a prevenire che le usino contro di te che a difendere il tuo Marchio.

Ovviamente le informazioni presenti in questo capitolo possono tornarti utilissime anche nel caso opposto, cioè qualora altri abbiano registrato il proprio marchio "al buio" registrando (per caso o meno) un segno uguale o simile al tuo.

## Azione per Ottenere la Nullità del Marchio

La prima e più importante è l'azione di nullità del marchio registrato che comporta la cancellazione dal mondo giuridico del titolo di proprietà intellettuale: per un Marchio Registrato la dichiarazione di nullità equivale a non essere mai esistito.

Dal luglio del 2021 il Codice della Proprietà Industriale (o CPI) ha introdotto un doppio binario per questa tipologia di azione: se prima era necessario adire il Tribunale, oggi è possibile chiedere la declaratoria di nullità direttamente all'UIBM.

Il procedimento è disciplinato dall'articolo 43 del Codice della Proprietà Industriale che suddivide la nullità in due tipologie, suddivise in base ai motivi ad essa sottesi:

1. Assoluta
2. Relativa

### Nullità Assoluta

Si parla di nullità assoluta quando il Marchio Registrato viola le norme sulle denominazioni DOC, DOP, DOCG, IGP, MTV, STG, sia contrario alla legge o al buon costume o inciti all'odio e alla violenza.

Questo tipo di nullità può essere fatta valere da chiunque, a prescindere che ne abbia un concreto interesse, ciò perché il

Marchio non sarebbe nemmeno dovuto essere registrato dall'Ufficio, se i controlli preliminari avessero funzionato.

Si, hai capito bene, se pure in qualche modo hai ottenuto la registrazione di un Marchio contrario alle norme vigenti, chiunque, un concorrente in affari o qualcuno invidioso, può ottenere senza sforzo che venga dichiarato nullo.

## Nullità Relativa

Si parla di nullità relativa quando il marchio è identico o molto simile ad uno già registrato da altri con efficacia nello Stato italiano e che sia relativo a classi merceologiche identiche o affini, al punto da poter generare confusione nella clientela.

Possiamo dire che questo tipo di nullità si fonda sugli stessi presupposti su cui si sarebbe dovuta basare una eventuale opposizione contro la registrazione se il titolare del marchio anteriore l'avesse proposta nei 3 mesi di tempo concessigli.

Questa nullità è detta "relativa" perché può essere richiesta esclusivamente dal titolare del marchio anteriore che rischia di subire uno sviamento di clientela a causa della tua registrazione e non può essere richiesta da nessun altro.

## La Causa in Tribunale

Dal momento che il presente testo non è un manuale di diritto né è rivolto a tecnici del diritto, riteniamo superfluo se non controproducente analizzare l'intera procedura giudiziale, fornendoti nozioni che non ti servono.

Pertanto ci limiteremo a dire che si tratta di un vera e propria causa civile, da intentare contro chi sia titolare del marchio di cui intendi chiedere la nullità (o che intenteranno contro di te per far dichiarare nullo il tuo marchio registrato).

Ovviamente per seguire questa via avrai bisogno necessariamente di rivolgerti ad avvocati specializzati in proprietà intellettuale e, nello specifico, esperti in marchi e brand identity in grado di difendere i tuoi interessi.

## I Vantaggi

Scegliendo questa via potrai beneficiare di:

1. Ottenere un provvedimento ufficiale emesso da un Giudice della Repubblica (sentenza) con tutta la sacralità che ciò comporta;
2. Un procedimento più lungo ed articolato in cui potrai meglio argomentare le tue tesi e smantellare quelle della controparte;
3. La sentenza che dichiara la nullità del marchio è anche titolo per poter procedere a chiedere il ritiro dal mercato

della merce recante quel marchio dal mercato, oltre che per chiedere l'immediata interruzione delle campagne pubblicitarie relative al marchio nullo.

**Gli Svantaggi**

Al contempo, però, optare per la via del Tribunale comporterà:

1. Un aumento di spese giudiziali non preventivabile;
2. I tempi processuali, in Italia, sono incredibilmente lunghi

**Azione di Nullità Proposta all'UIBM**

Come abbiamo detto, da qualche anno a questa parte, la legge ti offre un doppio binario per far valere i tuoi diritti, consentendoti sia di adire il Tribunale (come un tempo) sia di richiedere la declaratoria di nullità direttamente all'UIBM.

L'introduzione del procedimento di tipo burocratico/amministrativo da svolgere direttamente presso l'ufficio dei Marchi è avvenuta ad un duplice scopo:

1. Ridurre il carico di lavoro dei Tribunali;
2. Garantire decisioni più rapide.

Per quanto riguarda l'azione proposta direttamente all'UIBM, di recente introduzione, essa si compone di 5 fasi che, nel complesso, dovrebbero durare al massimo 24 mesi, vediamole assieme:

1. **Deposito Istanza**
    a. Telematico

b. Cartaceo
2. **Esame Preliminare**
   a. Ricevibilità
   b. Ammissibilità
   c. Procedibilità
3. **Avvio Procedimento**
   a. Contraddittorio tra le parti svolto attraverso il deposito delle rispettive argomentazioni difensive
4. **Decisione - Emanazione provvedimento**
   a. Decadenza
   b. Nullità
5. **Integrazione d'efficacia**
   a. Notifica decisione
   b. Decorrenza termine impugnazione

Come hai capito dalla fase IV con questo medesimo procedimento è possibile ottenere una pronuncia di nullità o una di decadenza del marchio, istituto giuridico di cui ti abbiamo parlato nell'apposito capitolo.

Il procedimento non prevede come necessario di essere coadiuvati da un avvocato, pertanto lasciamo a te, dopo aver letto con attenzione lo schema precedente, di valutare sull'opportunità di ricevere assistenza professionale o meno.

## I Vantaggi

Scegliendo questa via potrai beneficiari di:

1. Una procedura più rapida e snella che, almeno secondo la legge cha l'ha istituita, deve concludersi in 24 mesi dalla data in cui viene aperta;
2. I costi sono tendenzialmente più bassi dal momento che, almeno in teoria, la mole di lavoro da affrontare è minore

## Gli Svantaggi

Al contempo, però, optare per questa via comporterà:

1. Le decisioni saranno assunte da burocrati che potrebbero non possedere la sensibilità necessaria a cogliere come e perché un determinato marchio sarebbe pericoloso per un altro in termini di marketing;
2. Ottenere una pronuncia in tuo favore al termine di questa procedura amministrativa farà sì che il marchio nullo venga cancellato dal registro dei marchi ma non varrà come titolo per chiedere il ritiro della merce recante il marchio nullo dal mercato o per chiedere un risarcimento danni.

Adesso che conosci tutti i vantaggi e gli svantaggi delle due procedure, puoi compiere una scelta consapevole in merito al percorso ottimale per tutelare il tuo Brand da un marchio registrato che potrebbe danneggiare il tuo business.

In ogni caso ricorda che la dichiarazione di nullità è solo il primo dei possibili rischi che corri a registrare "al buio" il tuo marchio e, nelle pagine che seguono, procederemo a presentarti anche tutti gli altri.

Prima di proseguire però ci teniamo a precisare che a differenza della pronuncia di nullità di cui abbiamo parlato, tutti gli altri provvedimenti sono adottabili solo ed esclusivamente dall'autorità giudiziaria.

## Inibizione all'Utilizzo del Marchio

Se con l'azione di nullità del marchio si interviene per ottenere la cancellazione dal registro di un Marchio registrato in frode ad un titolo antecedente, con l'azione di inibizione all'utilizzo si agisce per far cessare l'utilizzo del marchio contraffatto.

Nel caso in cui qualcuno venda dei prodotti uguali o affini ai tuoi su cui appone un marchio sufficientemente simile al tuo da indurre in errore il pubblico, che però non ha registrato: non potrai chiedere la nullità della registrazione di questo marchio!

A venire in tuo soccorso in questo caso è proprio l'azione di inibizione all'utilizzo del marchio che può venire instaurato anche attraverso un procedimento a cognizione sommaria all'esito del quale il Giudice condanna il contraffattore a cessare subito l'utilizzo di questo marchio.

Procedimento "a cognizione sommaria" significa che è un giudizio molto veloce ed urgente in cui al Magistrato basta accertare solo 3 cose per emettere il provvedimento:

1. Sei effettivamente titolare del marchio registrato contraffatto;
2. Il marchio contraffatto è identico o sufficientemente simile al tuo da poter trarre in inganno il pubblico;

3. Stai subendo un grave danno economico e/o d'immagine tale da non poter aspettare i tempi di una causa "normale".

Il punto 1 chiarisce che il presupposto necessario per beneficiare della tutela "rapida" di questa azione è aver registrato il marchio, ecco un altro dei numerosi vantaggi della registrazione: risparmiare tempo e denaro per ottenere tutela.

## Sequestro e Distruzione della Merce Contraffatta

Cosa accade alla merce recante il marchio contraffatto dopo che hai ottenuto la dichiarazione di nullità del marchio registrato in tua frode o che hai ottenuto un provvedimento di inibizione all'utilizzo del marchio contraffatto?

Ebbene la merce che è stata prodotta e distribuita nel frattempo può, se vi è un provvedimento in tal senso da parte del Giudice, essere sottoposta a sequestro e venire distrutta, tutto a spese del contraffattore!

Il provvedimento si applica alla merce in ogni stadio della filiera distributiva, fino ai rivenditori al dettaglio, infatti il contraffattore è tenuto a fornire prova del numero dei pezzi prodotti e dei canali distributivi attraverso cui sono stati diffusi.

Chiaramente il presupposto legale per poter richiedere un provvedimento così forte è che sia già stata emessa una sentenza di nullità del marchio o un provvedimento di inibizione all'utilizzo del marchio contraffatto.

## Perdita del Nome a Dominio

Precedentemente ti abbiamo spiegato come possa proporre opposizione ad una registrazione chi utilizza quel nome come dominio del proprio sito internet anche se non ha mai registrato il marchio, ovviamente vale anche il caso inverso.

In pratica può accadere che tu abbia un marchio registrato e che un concorrente si compri un nome a dominio identico o molto simile al tuo marchio, o che copi anche il tuo nome a dominio ma cambiandolo da .it a .com, .eu o .org.

Ebbene anche in questo caso la legge ti offre protezione: come titolare di marchio registrato puoi chiedere al Giudice, sempre con un procedimento a cognizione sommaria, di ordinare l'immediata cancellazione del dominio contraffatto.

In questo caso al Giudice basterà accertare che:

1. Sei titolare di un marchio registrato;
2. Il dominio è identico o sufficientemente simile al tuo marchio da poter trarre in inganno gli utenti del sito;
3. Stai patendo un danno concreto che si aggraverebbe troppo se dovessi attendere il tempo di un processo.

Se non operi online è possibile che ti sfugga la straordinaria opportunità che una simile tutela giudiziaria offre ai titolari di un marchio registrato, pertanto cercheremo di renderti chiaro perché è davvero rilevante ciò di cui ti stiamo parlando.

Considera che nel mercato digitale e globalizzato in cui viviamo, in cui business interamente online fatturano numeri anche a nove zeri con l'e-commerce, poter tutelare il proprio brand facendo cancellare il sito altrui è d'importanza vitale!

Come vedrai nella sezione "casi di studio", siamo riusciti ad ottenere anche di più: abbiamo fatto sì che il Tribunale ordinasse la cessazione di una campagna Google Ads di un concorrente che utilizzava come keyword il marchio registrato del nostro cliente.

## Distruzione del Materiale Pubblicitario

La tutela giudiziaria offerta dalla legge sarebbe monca se non si occupasse anche del materiale pubblicitario recante il marchio contraffatto che, prima di ottenere il provvedimento del Giudice, fosse stato affisso, distribuito o trasmesso.

Poniamo il caso che il tuo contraffattore abbia distribuito volantini, acquistato passaggi pubblicitari in tv o in radio, investito in campagne social marketing, affisso manifesti per pubblicizzare il marchio contraffatto o la merce copiata.

Del resto se ti è arrivata la notizia dell'esistenza della contraffazione, molto probabilmente sarà accaduto proprio per via del marketing messo in campo dal contraffattore, giunto alle orecchie tue o di qualche tuo conoscente.

Ebbene, dopo aver ottenuto la declaratoria di nullità del marchio o l'inibizione all'utilizzo dello stesso, puoi chiedere che il Giudice ordini che venga subito cessata ogni campagna pubblicitaria e distrutto il materiale pubblicitario già distribuito.

## Risarcimento del Danno

Abbiamo visto come ottenere la cancellazione di un marchio registrato in tua frode, che si smetta di utilizzare un segno contraffatto, come tutelare il tuo marchio sul mercato fisico e virtuale, ora vediamo il lato economico col risarcimento danni.

Senza dubbio fino ad ora, nel leggere di tutti i poteri che ti spettano come titolare di marchio registrato, avrai pensato: *"Tutto molto utile, ma i danni che ho subito chi me li risarcisce? Come rientro delle spese affrontate per tutte queste cause?"*.

Ed in effetti la tutela legale sarebbe davvero priva di senso se non ponesse la giusta attenzione all'aspetto pecuniario della questione, perché i principi ed i diritti saranno pure i pilastri della società civile, ma altrettanto sono il denaro e l'economia.

Partiamo da un presupposto: **è sempre possibile aggiungere la richiesta di risarcimento danni ad ognuna delle azioni giudiziarie di cui ti abbiamo parlato finora** con la sola eccezione del procedimento burocratico innanzi all'UIBM.

Perché si possa ottenere il risarcimento del danno però, sono necessari alcuni specifici presupposti, la cui esistenza verrà appositamente accertata dal Giudice nel corso del processo, pena il rigetto della pretesa risarcitoria.

In primo luogo i danni richiesti devono essere effettivi, il che significa che bisogna fornire prova certa e concreta dell'esistenza dei danni, non bastando il sol fatto che sia stato contraffatto il marchio a dimostrare che un "danno" c'è stato.

Fondamentalmente bisognerà dimostrare, numeri alla mano, un concreto ed effettivo calo nei fatturati, nelle vendite, nel numero di clienti e via discorrendo tali da poter fare escludere che si tratti di un naturale calo tipico dell'economia di mercato.

In alternativa si può fornire prova di aver perso un'occasione di guadagno aggiuntivo a causa del comportamento fraudolento del contraffattore di marchi, giacché il "danno" può consistere sia in un "danno emergente" così che in un "lucro cessante".

In secondo luogo va fornita prova ragionevolmente certa che i danni derivano dalla contraffazione, non bastando di per sé il fatto che siano coevi ad essa, essendo invece necessario dimostrare che esiste un diretto rapporto di causa-effetto.

In terzo luogo i danni devono essere quantificati nel loro ammontare o, quantomeno, devono essere quantificabili dal Giudice secondo dei parametri e delle stime quanto più chiari, stringenti ed aderenti alla realtà possibile.

Discorso a parte meritano le spese legali, perché non sarebbe giusto che far valere i propri diritti abbia un costo, spesso è proprio il timore di affrontare le parcelle degli avvocati a fungere da deterrente all'idea di far causa a qualcuno.

Ebbene in caso di tua vittoria il Giudice potrà condannare il contraffattore a risarcirti anche tutte le spese affrontate durante l'intera causa in termini di parcelle dei professionisti (avvocati e tecnici) e di tasse di giustizia (marche e contributi).

A questo punto sai quanti rischi corri a registrare "al buio" un marchio o, nel caso opposto, di quanti e quali poteri disponi per fermare chi, consapevolmente o meno, abbia contraffatto il tuo marchio registrato.

# Capitolo 6
# Come Risparmiare le Tasse Grazie al Marchio Registrato

Sai come sfruttare la Tassazione delle Royalties derivanti dal Marchio Registrato? Conosci i benefici che il fisco offre ai titolari di Marchi Registrati? Hai sentito parlare dei vantaggi fiscali dati dalla registrazione del Marchio, ma non sai come beneficiarne? Questo capitolo ti svelerà ogni segreto!

Ogni azienda utilizza uno o più segni distintivi (ad esempio logo, icona, nome, jingle, colore etc.) per distinguersi dalla concorrenza e fidelizzare la propria clientela, ma un Marchio Registrato è anche un portentoso strumento di **pianificazione fiscale che ti consente di risparmiare tasse**.

Non è certo un caso che molte aziende, italiane e multinazionali, depositano immediatamente i propri Marchi: se da un lato farlo le tutela e ne aumenta il valore commerciale, dall'altro una registrazione opportunamente sfruttata dà loro diritto a molteplici benefici fiscali!

In questo capitolo scoprirai tutto quello che è necessario sapere per risparmiare e sfruttare appieno la tassazione sulle Royalties da Marchio Registrato in modo sicuro, assolutamente legale e, soprattutto, fiscalmente inattaccabile da parte dell'Agenzia delle Entrate.

## Cessione e Licenza d'Uso del Marchio

La titolarità di un Marchio registrato può essere trasferita come ogni altro titolo di proprietà.

In particolare l'articolo 23 del Codice della Proprietà industriale, nella sua odierna formulazione, prevede che il Marchio può essere liberamente trasferito come ogni altro bene.

I trasferimenti di proprietà/titolarità di un Marchio seguono le regole dettate dal Codice Civile in merito al trasferimento di proprietà dei beni mobili registrati (come ad esempio le automobili).

Il trasferimento di un Marchio può essere:

- **Totale**: quando si trasferisce la titolarità sull'intero Marchio;
- **Parziale**: quando si trasferisce il potere di utilizzare il Marchio solo per alcuni specifici prodotti o servizi (o solo per alcune classi di Nizza se il Marchio è registrato in più classi);
- **Oneroso**: quando il trasferimento prevede il pagamento di un corrispettivo;
- **Gratuito**: quando il trasferimento non prevede il pagamento di un corrispettivo;

- **Definitivo**: quando non ha una durata prestabilita (Cessione del Marchio);
- **Temporaneo**: quando ha una durata stabilita (Licenza d'uso del Marchio)

Nel caso specifico della **Licenza d'uso del Marchio** specifichiamo che può essere:

- **Esclusiva:** quando viene concessa ad un singolo soggetto;
- **Non Esclusiva**: quando viene concesso l'uso del Marchio a più soggetti contemporaneamente, compreso, eventualmente, il titolare stesso (che se ne sia riservato l'utilizzo).

La legge consente che il Marchio sia trasferito senza che con esso venga trasferita l'azienda (o il ramo d'azienda) che ne è titolare.

Viceversa l'art. 2573 del Codice Civile prevede che al trasferimento dell'azienda si presume che sia trasferito anche il Marchio di cui essa è titolare ma, come chiaramente indicato nella norma, si tratta solo di una presunzione.

Per evitare problemi in un secondo momento, ti consigliamo di dare sempre comunicazione all'Ufficio preposto di ogni trasferimento del Marchio, anche se tale comunicazione non è obbligatoria.

La comunicazione può essere effettuata anche per il tramite di professionisti dedicati.

## Cosa Occorre per Risparmiare le Tasse

Il primo passaggio che è necessario effettuare per arrivare a sfruttare appieno la Tassazione sulle Royalties derivanti dai Marchi Registrati, è quello di depositare il proprio Marchio ed esserne Titolare. Lascia che ti spieghiamo brevemente come compiere tale primo passaggio.

Innanzitutto è necessario che tu sappia che si definisce **Marchio Registrato** ogni segno distintivo iscritto nel Pubblico Registro dei Marchi accanto al nome del suo **Titolare**, allo scopo di rende noto che su quello specifico segno distintivo esiste un **potere di utilizzo in esclusiva**.

Date le finalità di questo capitolo aggiungiamo solo che **chiunque può essere Titolare di un Marchio Registrato a patto che sia giuridicamente esistente**, cioè che sia vivente nel caso di una persona fisica o che sia costituita nel caso di una persona giuridica (società).

Per quanto attiene al **come fare per ottenere la Registrazione di un Marchio** ti basti sapere che per ottenere l'iscrizione del tuo nome accanto ad un segno distintivo devi superare quel complesso di attività burocratiche ed amministrative che vanno sotto il nome di Registrare un Marchio.

Ci sarebbe molto altro da dire sul Marchio Registrato, sulla sua differenza con il Brevetto, sulle tipologie convenzionali di segni distintivi, sulla centralità di quelli atipici nel Marketing Sensoriale o sulle possibili estensioni territoriali, ma per ogni argomento ti rinviamo al relativo approfondimento.

Il secondo passaggio da svolgere per beneficiare dei vantaggi fiscali offerti dalla titolarità di segni distintivi è quello di ottenere delle Royalties in cambio della concessione in licenza d'uso del Marchio Registrato di cui sei Titolare.

**Ma cosa sono le Royalties?** In poche parole prende il nome di "Royalty" il canone che il titolare del Marchio Registrato percepisce da un terzo soggetto in cambio della concessione in licenza dello sfruttamento del segno di cui è titolare.

Proviamo a rendere più comprensibile il concetto: immagina che il Titolare sia il proprietario di un automobile chiamata "Marchio" e che la dia in locazione a qualcuno, le "Royalties" sono il canone di locazione che questo qualcuno pagherà al Titolare in cambio dell'utilizzo dell'automobile.

Tutto chiaro fin qui? Aggiungiamo allora un ulteriore tassello: è possibile che il Titolare conceda in locazione l'auto di cui è proprietario non ad un generico "qualcuno" ma alla sua stessa azienda che, di conseguenza, gli pagherà un canone.

Ora che sai cosa sono le Royalties e come fare per ottenerle, possiamo proseguire chiarendo che i vantaggi fiscali che offrono sono raggruppabili in due categorie: i primari ed i derivati, vediamoli in ordine.

## Primari Vantaggi Fiscali Offerti dalle Royalties

Se a percepire il canone di locazione sul segno distintivo depositato è una persona che non opera in attività commerciale, in aggiunta agli straordinari risparmi in termine di IRPEF o di IRES che vedremo in seguito, il fisco italiano le consente di conseguire i seguenti primari vantaggi fiscali:

- **Esenzione dall'IVA**: quanto percepito a titolo di Royalty è completamente esente IVA, purché non sia percepito come compenso di un'attività d'impresa;
- **Abbattimento delle contribuzioni INPS e/o INAIL**: rispetto a quanto percepito come Royalty nulla è dovuto all'erario per tali titoli.

Questi due vantaggi fiscali sono riconosciuti a chiunque percepisca un reddito derivante da Royalties e, per tale ragione, li abbiamo definiti "primari" distinguendoli da quelli che definiremo "secondari" e che vanno modulati a seconda delle modalità di percezione.

## Gli Errori da Evitare

A questo punto hai tutti gli elementi per comprendere appieno le straordinarie possibilità per risparmiare le tasse offerte dalla titolarità di un segno distintivo, ma ti esortiamo a prestare la massima attenzione giacché i casi di contenzioso con l'Agenzia delle Entrate sono all'ordine del giorno!

Non basta semplicemente registrare il proprio Marchio per iniziare a beneficiare di una riduzione del 25% delle proprie tasse, anzi è fondamentale essere seguiti da esperti della materia che possano guidarti nei delicati e complessi passaggi richiesti per l'ottenimento di tale beneficio.

Molti imprenditori convinti di aver trovato una vera e propria via segreta per sottrarre capitali al fisco italiano si sono trovati invece a subire dei legittimi, dovuti e ben fondati accertamenti fiscali da parte dell'Amministrazione tributaria che ha recuperato all'Erario quanto illegittimamente sottratto.

Fondamentale in tal senso è evitare alcuni errori tipici in cui "i furbetti del fai da te" cadono sistematicamente, come alcuni comportamenti e/o operazioni che attirano immediatamente l'attenzione dell'Agenzia delle Entrate, perché chiari indicatori di comportamenti fraudolenti.

Prima di proseguire con l'analisi degli errori da evitare ribadiamo che la pianificazione fiscale non può essere "fai da te" e che devi sempre consultare degli esperti prima di arrischiare una registrazione che potrebbe non andare a buon fine e farti subire un giudizio di opposizione.

Ora che questo è ben chiaro, passiamo al setaccio quelli che sono gli errori tipici e più diffusi di chi cerca di risparmiare le tasse con un Marchio Registrato ma, non sapendo cosa sta facendo, finisce per meritarsi un sacrosanto accertamento fiscale con conseguente recupero oltre a salatissime sanzioni.

## Utilizzare sul Mercato un Marchio Prima di Registrarlo

Il primo e più diffuso degli errori da evitare è quello di provare a registrare un segno distintivo che è già in uso sul mercato, magari da molto tempo, senza che venga aggiunto alcun elemento di novità.

**Attenzione**: non ci riferiamo ad un Marchio utilizzato sul mercato da altri (nel qual caso subirai una sacrosanta opposizione) ma al tentativo di registrare il Marchio che la tua azienda già utilizza sul mercato da un po' e che tu adesso stai pensando di registrare al solo fine di risparmiare sulle tasse.

Sono molti gli imprenditori che, venuti a conoscenza della tassazione agevolata sulle Royalties, hanno la brillante idea di registrare il marchio che già usano da anni solo al fine di "trasformare" in Royalty quanto fino al giorno prima percepivano come "compenso amministratore".

Ovviamente tale comportamento viene immediatamente riconosciuto dall'Agenzia delle Entrate come un chiaro ed evidente tentativo di elusione fiscale con tutte le ben note conseguenze del caso in termini di accertamenti, recupero erariale e sanzioni.

Tutto questo senza tralasciare il fatto che è comunque da assoluti irresponsabili operare sul mercato con un Marchio non registrato, che può essere copiato e contraffatto da un concorrente in affari, per cui se lo stai facendo, devi assolutamente tutelare il tuo Brand a prescindere dagli eventuali vantaggi fiscali.

## Rispettare il Principio di Inerenza

Altro aspetto di fondamentale importanza per poter beneficiare della tassazione agevolata di cui ti abbiamo parlato è la corretta imputazione delle spese di creazione e registrazione del Marchio che devono necessariamente essere tutte imputate al soggetto Titolare del segno distintivo e a nessun altro.

Molti imprenditori, mal consigliati o non seguiti da professionisti, nel tentativo di risparmiare sulle tasse, imputano le fatturazioni del grafico che ha creato il logo o del professionista che lo ha depositato, alle proprie società così da poter portare poi in detrazione tali spese.

Successivamente tali imprenditori si dichiarano Titolari in prima persona del Marchio e lo concedono in licenza d'uso alla loro società per risparmiare sulle Royalties, ovviamente la discrepanza tra l'imputazione dei costi e la titolarità del logo è assolutamente da evitare.

Questo è uno degli aspetti su cui l'Agenzia delle Entrate pone particolare attenzione, essendo tale discrepanza un chiaro ed evidente segnale del fatto che la concessione in licenza del Marchio è stata fatta esclusivamente a scopo di utilizzare la tassazione sulle Royalties per commettere elusione fiscale.

## Dimostrare il Valore Economico del Marchio

Altro errore da evitare assolutamente è quello di non essere in grado di giustificare concretamente che aver preso in licenza d'uso quel Marchio ha effettivamente comportato un beneficio per la società che paga le Royalties per l'utilizzo di tale segno distintivo.

## ARRICCHIRSI CON IL MARCHIO REGISTRATO

In sostanza chi paga delle Royalties deve dimostrare oltre ogni ragionevole dubbio che vi sono ragioni commerciali concrete dietro la decisione di pagare un canone per prendere in licenza un determinato Marchio, ragioni che siano diverse dal mero beneficio fiscale.

Tale dimostrazione può essere fornita in svariati modi tra cui, a mero titolo esemplificativo, elenchiamo:

- Dimostrare un aumento di fatturato conseguente all'acquisizione della licenza d'uso;
- Aver avuto accesso ad un mercato nuovo attraverso il Marchio preso in licenza;
- Aver chiuso nuovi accordi commerciali proprio grazie al segno distintivo preso in licenza.

L'ultimo degli errori tipici in cui incorrono gli imprenditori mal consigliati o non seguiti da professionisti è quello di non essere in grado di giustificare l'ammontare delle cifre pagate e/o percepite a titolo di Royalty, che risultano di fatto ingiustificabili in caso di accertamento dell'Agenzia delle Entrate.

Si perché non basta imputare a Royalty qualunque cifra percepita a in cambio dell'utilizzo del segno distintivo per ridurre le tasse, giacché è fondamentale che tale importo sia concretamente e solidamente giustificato nel suo ammontare.

In pratica bisogna essere in grado di dimostrare in modo incontrovertibile che quanto pagato come Royalty è giusto e proporzionato rispetto al valore concreto del Marchio che si è preso in uso e non si tratta, quindi, di una cifra computata al solo scopo di risparmiare sulle tasse.

Come fornire prova concreta della congruità delle cifre pagate come Royalty? Una possibile risposta è possedere una perizia giurata effettuata da un tecnico abilitato, che certifichi il valore del Marchio preso in licenza e, quindi, di quanto pagato rispetto a titolo di Royalties per l'uso di tale Marchio.

## La Tassazione delle Royalties in Italia

Ovviamente il fisco italiano sottopone a regolare tassazione i proventi che si ottengono dalla concessione in utilizzo del Marchio Registrato (Royalties) e ne imputa il pagamento in capo a chi percepisce tali proventi (Titolare del Marchio).

In aggiunta ai primari vantaggi fiscali che sono universali, vi sono altri modi per risparmiare le tasse con un Marchio Registrato, vediamo quali sono distinguendo caso per caso tra possibili percettori e le diverse modalità di percezione.

Chiaramente il trattamento fiscale che viene riservato ai proventi derivanti dalla Royalty varia a seconda che il percettore sia una persona fisica o una società, per cui ora analizzeremo le due fattispecie e ti forniremo tutti gli elementi necessari per fare le tue valutazioni su.

## Trattamento Fiscale Agevolato

Il fisco considera tali proventi come "Redditi da lavoro Autonomo" che, ai sensi dell'art. 54 comma 8 del Testo Unico Imposte sui Redditi (TUIR), viene calcolato applicando al compenso la deduzione a forfait di certe spese in misura variabile in base all'età del percettore.

In particolare tali deduzioni sono concesse nella misura del:

- 40% se le Royalties sono percepite da qualcuno di età minore di 35 anni;
- 25% se percepite da un soggetto di età maggiore di 35 anni.

All'importo pagato a titolo di Royalties va applicata, al netto delle deduzioni spettanti, una ritenuta d'acconto del 20% così che poi l'importo residuato dopo l'applicazione della deduzione dovuta, verrà tassato nella dichiarazione del percettore con l'aliquota IRPEF ordinaria.

In questo caso il reddito percepito dal Titolare che non ne sia anche ideatore, viene considerato dal fisco italiano come "Reddito Diverso" e, quindi, non sottoponibile alla tassazione contributiva INPS ma computabile solo ai fini imponibili IRPEF.

**Attenzione**: condizione necessariamente richiesta dalla legge per l'applicazione di tale regime fiscale agevolato è che i diritti sul Marchio siano stati acquisiti a titolo oneroso dal soggetto percettore delle Royalties.

Dato che tutti i "redditi diversi" sono forfettariamente computati solo come base imponibile per l'IRPEF nella misura del 75%, anche i proventi derivanti dalle Royalties beneficiano di una detrazione fiscale netta del 25%: un chiaro risparmio in percentuale per chi è titolare del segno distintivo.

Hai letto bene: il 25% di quanto il titolare non ideatore del Marchio percepisce a titolo di Royalty non viene sottoposto ad alcuna tassazione dal fisco italiano, che computa come base imponibile dell'IRPEF solo il 75% di quanto percepito a titolo di Royalty.

Per quanto attiene all'aliquota IRPEF (applicata sulla base imponibile decurtata del 25%) essa viene calcolata in base al reddito complessivo del soggetto sottoposto all'imposta, cioè varia in base al reddito complessivamente dichiarato dal Titolare del Marchio/percettore di Royalty.

## Tassazione Ridotta per le Società Multinazionali

Abbiamo chiarito cos'è un Marchio Registrato, cosa sono e come funzionano le Royalties, come sia possibile e legale risparmiare le tasse con un Marchio Registrato, ti spiegheremo come ne beneficiano i gruppi multinazionali.

Chiariamo subito che questa strategia di pianificazione esclude la possibilità di mettere in pratica quella che ti abbiamo spiegato nei paragrafi precedenti e che è utilizzabile solo da soggetti strutturati ed articolati a livello multinazionale.

Posto quindi che probabilmente conoscere questa procedura non ti tornerà utile nell'immediato, riteniamo necessario darti comunque queste informazioni che, magari, potranno anche servirti come sprone per far crescere il tuo Brand fino a portarlo al livello di una multinazionale.

Inoltre riteniamo che sia interessante conoscere il modo in cui le grandi Holding ("gruppi di aziende") multinazionali riescono a risparmiare le tasse nel nostro Paese nonostante operino in Italia e producendo qui gran parte del loro reddito.

## Concessione in Licenza all'Interno di Gruppi Multinazionali

Questa strategia è utilizzata dai grossi gruppi multinazionali (Holding) che operano nel nostro Paese, come ad esempio Apple o Nike.

Tali colossi commerciali sono proprietari di una moltitudine di Registrazioni ma le raccolgono tutte in una sola delle loro aziende che poi le concede in licenza d'uso alle "succursali" presenti nei vari Paesi, spostando in tal modo i loro capitali all'interno del gruppo.

Poniamo il caso che Apple abbia fondato un'azienda a sé in ogni Paese membro dell'Unione Europea, e che abbia depositato il proprio Marchio Europeo (la famosa mela morsicata) una sola volta e non 67 volte in ogni singolo stato membro dell'Unione.

A questo punto il Marchio Europeo Registrato viene conferito alla sola società Apple con sede in Irlanda (la nazione UE con il regime fiscale più conveniente) e da quest'ultima venga "concesso in licenza d'uso" alle singole aziende "Apple" esistenti in tutti gli altri Stati dell'UE.

Grazie a questo sistema tutte le Royalties che l'azienda "Apple" italiana paga alla sorella con sede in Irlanda vengono tassate solo nella misura del 75% e non nella loro interezza, un enorme risparmio se consideri che Royalties di questo genere possono arrivare a cifre impressionanti.

## Evitare la Doppia Imposizione Fiscale sulle Royalties Pagate Infragruppo

Per evitare che le grandi Holding internazionali abusino della strategia appena spiegata, la legge fiscale italiana ha stabilito all'Art. 23 comma II lettera c) del TUIR che le Royalties pagate a soggetti non residenti in Italia siano tassabili in Italia se chi le paga è residente nel nostro Paese.

In questo caso, però, le imposte scontate in Italia vengono comunque computate secondo i principi e le deduzioni di cui abbiamo parlato fin qui, cioè sempre su di una base imponibile pari al solo 75% di quanto percepito.

Sottolineiamo che tale imposta esaurisce completamente gli obblighi erariali dei soggetti esteri percettori di Royalty, i quali saranno quindi esonerati dall'obbligo di presentare alcuna dichiarazione dei redditi in Italia salvo che abbiano altri redditi prodotti nel nostro Paese.

Potrebbe però accadere che il Paese ove è residente il soggetto percettore (l'Irlanda nel nostro esempio di prima) intenda sottoporre anch'esso a tassazione quanto percepito a titolo di Royalty sulla base del fatto che tali cifre entrano all'interno del suo territorio.

In questa particolare fattispecie ci troveremmo davanti al rischio che i medesimi capitali scontino una doppia imposizione cioè che vengano tassati ingiustamente due volte (la prima in Italia e la seconda in Irlanda) cosa che distruggerebbe il commercio internazionale.

Per scongiurare ogni rischio di doppia tassazione, particolarmente gravoso in un mercato comune come quello dell'UE, sono state stipulate apposite convenzioni internazionali, che consentono al soggetto che paga l'imposta di invocare il regime fiscale più conveniente.

Pertanto i percettori esteri di Royalties versate da aziende italiane hanno la possibilità di ottenere l'applicazione delle normative fiscali più favorevoli, come fissate nelle Convenzioni internazionali e, quindi, di scontare le imposizioni fiscali ridotte in base ai Trattati.

Per ottenere tali imposizioni erariali agevolate, il percettore estero dovrà fornire a chi gli versa le Royalties (suo sostituto d'imposta in Italia) apposita autocertificazione con in allegato il certificato di residenza fiscale estera emesso dallo Stato di provenienza.

# Capitolo 7

# Il Marking: come e quando usare ®, ™ e tutti gli altri simboli

Per "Marking" si intende l'apposizione, accanto ai propri Marchi registrati, dei simboli convenzionali della registrazione come ®, ™, © e ℗.

In nessun caso è obbligatorio apporre un simbolo accanto al Marchio ma, se è registrato, ti consigliamo vivamente di utilizzare il simbolo appropriato, così da scoraggiare i tuoi concorrenti dal contraffare il tuo Marchio.

Al contrario, è previsto un esplicito divieto di utilizzo di quei simboli in assenza di registrazione.

Per i trasgressori è prevista una sanzione pecuniaria che arriva fino a 500 euro, per questa ragione ti sconsigliamo caldamente di apporre uno di quei simboli accanto al tuo Marchio se questo non è effettivamente registrato.

Ognuno dei simboli sopra riportati ha un significato preciso:

- ® : deriva da "**Registrato**" o "*Registered*" viene utilizzato in tutto il mondo e significa che il marchio che lo precede è registrato;
- ™: deriva dall'inglese "*Trademark*" e trova applicazione principalmente negli USA, significa che la domanda di registrazione del Marchio che lo precede è stata depositata ma il Marchio non è ancora ufficialmente registrato;
- ©: dall'inglese "*Copyright*" viene usato in tutto il mondo e significa che l'opera letteraria o comunque il testo a cui è apposto è tutelata dalla Legge sul diritto d'autore;
- ℗: dal termine inglese "*Phonogram*" indica che la registrazione sonora su cui è apposto è coperto e tutelato dalla Legge sul diritto d'autore

In Italia ed in Europa non poniamo particolare attenzione all'utilizzo del ™ perché il processo di registrazione ha una durata media di 6 o 8 mesi dal momento della presentazione della domanda fino all'effettiva registrazione.

Al contrario negli USA è molto diffuso l'uso del simbolo ™ perché in quel paese possono passare molti anni dal momento del deposito della domanda a quello di effettiva registrazione del Marchio (momento in cui le aziende americane possono sostituire il ™ con il ®).

Adesso che sai quando è giuridicamente corretto apporre la "R marchio registrato" accanto al tuo brand non perdere altro tempo e inizia subito a sfruttare al meglio la potenza del simbolo del Marchio Registrato!

# Casi Studio

Ormai sai che abbiamo dato a questo testo un taglio pratico e concreto così da renderlo realmente utile per il tuo business, quindi in questa sezione ti presenteremo due casi di cui ci è capitato di occuparci e da cui puoi trarre utili lezioni.

Nel primo caso toccherai con mano quanto un imprenditore poco accorto abbia danneggiato il suo business solo per non essersi affidato ai giusti professionisti per registrare il proprio marchio, perdendosi in un bicchier d'acqua a cinque zeri!

Nel secondo caso ti mostreremo invece il caso di un imprenditore ben più attento che, grazie al suo marchio registrato, ha potuto stroncare sul nascere i concorrenti che gli avrebbero soffiato il suo intero modello di business.

## L'Imprenditore Poco Accorto

Un grande imprenditore italiano operante negli USA ha deciso di avviare un nuovo business online e, ovviamente, ha mosso i primi passi nel mercato statunitense in seno al quale ha immediatamente registrato il marchio della nuova attività.

Quando questo business è esploso ha immediatamente allargato il suo mercato puntando all'Europa ed all'Asia, e qui sono cominciati i suoi problemi poiché i suoi consulenti di proprietà intellettuale non gli hanno dato i giusti consigli.

Caso ha voluto, infatti, che mentre negli USA il marchio del suo nuovo business fosse libero e registrabile, lo stesso identico marchio era invece già stato registrato a livello europeo da qualcun altro a totale insaputa dell'imprenditore. Ebbene il malcapitato - e soprattutto male assistito - ha depositato la domanda di registrazione europea per quello che riteneva essere "il suo marchio", registrato negli USA, e si è ritrovato a subire l'opposizione dei veri titolari di quel Marchio in Europa.

Tieni presente che sarebbe bastata un'agevole ricerca di disponibilità del marchio a livello europeo (del costo complessivo di qualche migliaia di euro) per evitare la vera e propria tragedia finanziaria che ha colpito lo sventurato imprenditore.

I nostri clienti, i titolari del marchio Europeo identico a quello USA di proprietà dell'imprenditore, hanno immediatamente proposto opposizione contro questa registrazione e, per ben due volte, l'EUIPO si è pronunciato a nostro favore.

A quel punto all'imprenditore non è rimasta altra soluzione che acquistare l'intera azienda dei nostri clienti per una cifra a cinque zeri: hai capito bene, ha dovuto pagare per il sol fatto di non aver fatto una ricerca di anteriorità perché mal consigliato!

Ma c'è di più!

Pur senza svolgere la ricerca di anteriorità, l'imprenditore avrebbe potuto evitare ogni problema invocando la priorità della sua registrazione USA nella domanda all'EUIPO, retrodatandola così al costo di poche centinaia di euro!

Ti rendi conto che se avesse avuto un consulente più accorto avrebbe potuto, al costo di poche centinaia di euro, evitare un esborso che quasi gli costava l'intero business!? Adesso ci penserai due volte prima di fare registrazioni "al buio", vero?

## L'Imprenditore Attento

Di segno diametralmente opposto è l'altro caso che ti presentiamo; quello in cui un nostro cliente ha potuto stroncare sul nascere una pratica concorrenziale molto scorretta e subdola, messa in atto da alcuni suoi competitor.

Partiamo dal presupposto che l'azienda del nostro cliente è leader in Italia nel settore in cui opera (formazione in ambito alimentare), circostanza dimostrata dal fatto stesso che il suo Brand - marchio registrato - è diventato per il pubblico sinonimo del servizio stesso che offre.

Per farti capire è come quando per ordinare al bar una cedrata chiedi "una Tassoni" che, in realtà, è il nome del Brand ed un marchio registrato e non il nome della bibita, che però, ormai, è diventato nel linguaggio comune un sinonimo della bevanda.

L'imprenditore nostro cliente pubblicizza e vende i suoi servizi principalmente online, grazie alla straordinaria autorevolezza che Google e gli altri motori di ricerca riconoscono alla sua azienda in merito ai servizi che questa offre.

Senza addentrarci troppo nell'online marketing, ti basti sapere che i motori di ricerca funzionano così: più essi considerano un sito affidabile ed autorevole su un certo argomento, più lo suggeriranno agli utenti che fanno ricerche in quella materia.

Altra cosa da sapere è che chiunque può acquistare un certo "spazio" sui motori di ricerca, anche per argomenti in cui non è autorevole per nulla: si paga affinché il proprio sito venga suggerito come risultato di ricerca per una determinata parola.

Il nostro cliente ha scoperto che alcuni suoi concorrenti pagavano Google perché facesse comparire i loro siti se e quando gli utenti ricercavano come parola chiave il nome stesso della sua azienda, sviando così dei potenziali clienti!

Per tornare all'esempio di prima e rendere più chiaro il concetto: è come se un'azienda produttrice di cedrata pagasse Google per far comparire il proprio sito quando qualcuno ricerca la parola "Tassoni", soffiando clienti alla nota azienda.

Fatta questa terribile scoperta si è rivolto a noi per fermare immediatamente la concorrenza sleale dei suoi competitor e, insieme, abbiamo adito d'urgenza il Tribunale delle Imprese ottenendo, in poche settimane, un provvedimento favorevole.

Sostanzialmente il Giudice ha comandato l'immediata cessazione di questa campagna pubblicitaria sleale riconoscendo al nostro assistito anche un adeguato risarcimento per spese legali e quant'altro.

Tutto questo, però, è stato possibile SOLO perché il nostro cliente aveva precedentemente registrato il proprio marchio, in assenza di registrazione, infatti, non avrebbe avuto titolo per chiedere al Giudice di bloccare la campagna pubblicitaria.

Ecco perché ti stiamo raccontando questa storia di successo: farti vedere in quanti modi può tornarti utile registrare il marchio e l'importanza di avere al tuo fianco professionisti che sappiano come sfruttare al meglio la tua arma migliore.

# Considerazioni Finali

Abbiamo scritto questo libro per aiutarti ad arricchirti grazie al Marchio Registrato, tutelando la tua Proprietà Intellettuale, creando la Brand Identity e sfruttandola al meglio per aumentare i fatturati e ridurre i prelievi fiscali, e siamo sicuri che ora hai chiaro in testa un progetto per utilizzare questo portentoso strumento, ma i progetti senza un piano d'azione non producono nulla. Ora, quindi, è tempo di agire.

Hai due strade davanti a te, in questo momento. La prima, la meno efficace ed utile per te, è chiudere questo libro, riporlo insieme agli altri e riprendere la tua vita di sempre. Essere riusciti a farti leggere tutto fin qui è per noi già un grande successo... quindi GRAZIE!

La seconda via possibile è tenere questo libro a portata di mano, visibile da qualche parte. Lasciare che le informazioni in esso contenute diventino parte del tuo bagaglio di esperienze e sfruttarle per cominciare davvero ad arricchirti, lavorando sodo ma soprattutto in modo intelligente!

In qualunque momento dovessi avere bisogno potrai sempre riaprire questo testo e rinfrescarti ogni passaggio dovesse servirti per raggiungere i tuoi obiettivi ed il successo che meriti di avere!

Infine, quando sarà arrivato il momento giusto anche per te, potrai decidere di contattarci al portale www.tutelamarchionline.it e cominciare subito a costruire con noi il tuo futuro successo.

Potrai costruire con noi la tua Brand identity, elaborare un'attenta strategia di registrazioni, difenderti dagli attacchi dei tuoi concorrenti o attaccarli tu, proteggere la tua proprietà intellettuale in ogni modo possibile, affidarci il compito di vegliare sul futuro del tuo Brand, creare il tuo franchising, mettere a punto un'attenta pianificazione fiscale che ti porti a risparmiare notevolmente sulle tasse e tanto altro!

Insomma noi siamo certi che questo libro ti abbia mostrato come far decollare il tuo business sfruttando l'arma migliore: il marchio Registrato, ora sappi che siamo a tua disposizione anche per aiutarti a sfruttare quest'arma portentosa, in ogni modo possibile!

Ma sappi fin da ora, e te lo diciamo in tutta sincerità, che se vorrai scegliere altre strade, saremo felici comunque!

# Un Regalo Per Te

Complimenti per aver raggiunto la fine di questo libro! Abbiamo deciso di premiare il tuo impegno e di salutarti con un regalo concreto e tangibile.

Vai all'indirizzo https://www.tutelamarchionline.it/contatti/

Troverai un form da compilare e, nella sezione *"Descrivi la tua Richiesta (Facoltativo)"* scrivi la frase *"ho acquistato il libro Arricchirsi con il marchio registrato"*. Un nostro operatore ti ricontatterà per inviarti GRATUITAMENTE un link utile a fissare una consulenza da svolgersi in videoconferenza con uno di noi del valore commerciale di 300€.

Cosa faremo per te in consulenza?
In qualità di esperti dediti a sostenere le aziende ed i clienti nel creare e potenziare la loro Brand Identity, collaboreremo strettamente con te per svelare la tua visione, codificando la missione ed i valori fondamentali della tua azienda e, insieme, esploreremo la tua posizione nel mercato identificando il tuo pubblico target.

Questo processo comprende un'analisi approfondita dell'attuale Brand identity (il logo, i colori, i caratteri e la voce della marca) nonché della tua concorrenza e le tendenze di

...ato, in questo modo potremo potremo identificare le aree ...ui il tuo Brand può distinguersi e costruire una reputazione ...lida, che potrai poi tutelare attraverso le necessarie ...egistrazioni di Marchi.

A seconda delle esigenze del tuo business potremo anche studiare eventuali marchi non convenzionali (jingle, colori, odori e forme) o la creazione di nuovi materiali di marketing, come brochure e siti web, tutto per garantire una coerenza di messaggio e di immagine del tuo Brand, che andrà poi tutelata e strutturata attraverso le necessarie registrazioni di asset immateriali che arricchiranno il tuo patrimonio aziendale.

Avendo acquistato questo libro, hai diritto a tutta questa attività di consulenza gratuitamente. L'unica cosa che dovrai fare è dimostrarci di aver acquistato il libro.

Speriamo di vederti presto.
**Massimo de Risi**
**Fabrizio Massaccesi**

Printed by Amazon Italia Logistica S.r.l.
Torrazza Piemonte (TO), Italy

53182663R00147